Collectif dirigé par
SOPHIE **BRAMLY**
ARMELLE **CARMINATI-RABASSE**

POUVOIR(E)S

Les nouveaux équilibres femmes-hommes

EYROLLES

Groupe Eyrolles
61, bd Saint-Germain
75240 Paris Cedex 05

www.editions-eyrolles.com

Avec la collaboration d'Anne-Sophie Boulard

Couverture : d'après une idée de Sophie Bramly

Le Code de la propriété intellectuelle du 1er juillet 1992 interdit en effet expressément la photocopie à usage collectif sans autorisation des ayants droit. Or, cette pratique s'est généralisée notamment dans l'enseignement, provoquant une baisse brutale des achats de livres, au point que la possibilité même pour les auteurs de créer des œuvres nouvelles et de les faire éditer correctement est aujourd'hui menacée.

En application de la loi du 11 mars 1957, il est interdit de reproduire intégralement ou partiellement le présent ouvrage, sur quelque support que ce soit, sans autorisation de l'éditeur ou du Centre français d'exploitation du droit de copie, 20, rue des Grands-Augustins, 75006 Paris.

© Groupe Eyrolles, 2012.
ISBN : 978-2-212-55281-2

Sommaire

INTRODUCTION
Pouvoir(e)s 9
Sophie Bramly

PARTIE 1
LE POUVOIR DANS LA SPHÈRE PRIVÉE

CHAPITRE 1
Du rapport d'autorité au rapport de force ? 17
Béatrice Weiss-Gout
    Femmes et hommes égaux en droits sur la naissance ? 18
    Femmes et hommes égaux face à l'éducation des enfants ? 21
    Femmes et hommes égaux face à l'argent du ménage ? 22
    Femmes et hommes égaux face à la violence ? 24
    Femmes et hommes enfin en paix ? 26

CHAPITRE 2
Rechercher l'équilibre au-delà des différences 29
Christine Vahdat-Sonier
    Tu enfanteras si tu veux, comme tu veux…
    et avec qui tu veux 30
    Une relecture des mythes fondateurs des sciences humaines 31
    Couple et maternité au féminin pluriel 32
    Cultiver la différence identitaire, pour le bien du couple 34
    Interview : « Couple et homoparentalité :
    qu'est-ce qui change ? » *Anne et Isabelle* 36

CHAPITRE 3
La libido, enjeu de pouvoir au sein du couple ? 43
Sylvain Mimoun
    Je, jeux, et enjeux sexuels 44
    La sexualité comme levier de pouvoir au sein du couple..... 45
    … ou comme moyen d'épanouissement au service
    du couple 46
    La stratégie, outil de « l'enfant qui sommeille » 47
    Des schémas identiques dans les couples homosexuels 49
    Bien dans son genre, bien dans sa sexualité ? 50

CHAPITRE 4
Le secret des couples qui durent 53
Sylvain Mimoun, avec la collaboration de Rica Étienne
    Régler des comptes ou régler la situation ? 54
    Quatre mariages et des renoncements 56
    Menace de gros temps sur le couple après la cinquantaine.... 58
    Bouleversement des équilibres 59

CHAPITRE 5
La transmission intergénérationnelle, clé de la réussite ? 61
Emmanuelle Gagliardi et Anne Perrot
    Le père est un moteur de réussite pour la fille 62
    Le père est celui qui incarne la position de pouvoir 63
    La mère transmet le sens de la famille 67
    La mère peut se poser également comme antimodèle 68
    La liberté comme moteur ! 69
    Interview : « Mes parents m'ont transmis la valeur même
    de la transmission » *Nathalie Roos* 70
    Interview : « Mes parents m'ont transmis l'authenticité »
    Claire Gibault 76

CHAPITRE 6
Les stéréotypes, héritage ou éducation ? 79
Emmanuelle Gagliardi et Anne Perrot
    De l'école à la société, des questions mal assumées 80
    L'emploi du temps parental passé au crible 82
    À parents diplômés, enfants épanouis ? 85
    Plus d'intentions que d'actions 87

CHAPITRE 7
Les défis de la nouvelle génération 91
Emmanuelle Gagliardi et Anne Perrot
    Vers un retour de la femme au foyer ? 92
    Transmission des combats… 94
    … ou glissement vers de nouveaux combats ? 95
    Interview : « L'important, c'est de transmettre ce que sont
    pour nous les conditions du bonheur » *Sophie de Menthon
    et Alexia Delrieu* 97

PARTIE 2
LE POUVOIR DANS LA SPHÈRE PROFESSIONNELLE

CHAPITRE 8
Conquête et exercice du pouvoir 105
Rafik Smati
    La conquête : un comportement masculin 106
    La relation des femmes au pouvoir 109
    L'avènement des réseaux féminins 111
    Changer de paradigme 113

« Le pouvoir dans la cuisine : un combat des chefs ? » 115
Hélène Darroze et Pierre Hermé

CHAPITRE 9
**Confiance et système de performance :
les clés de la sélection des élites ?** 123
Armelle Carminati-Rabasse et Éloïc Peyrache
    Des écarts de performance observables au concours d'HEC 124
    Appétence au risque et maturité, des variables clés 126
    Questionner les matières et la mixité des épreuves ? 127
    Pouvoir, envie de pouvoir et demande de pouvoir 129
    À nouvelle génération, nouvelles aspirations ? 130
    Le changement viendra de la sphère privée 132

CHAPITRE 10
Les femmes et les mathématiques : dépasser les préjugés 133
Catherine Vidal
   Quand le sens des maths vient aux enfants 135
   Les ados et les maths 135
   La culture égalitaire et les maths 137
   Plasticité du cerveau et apprentissage des maths 138
   Soutenir scientifiquement une culture de l'égalité 141

« Une équation résolue : démonstration par l'exemple » 143
Nicole El Karoui

CHAPITRE 11
Le prix du pouvoir : la santé qu'on y laisse 153
Fatma Bouvet de la Maisonneuve
   Santé des individus et santé de l'économie vont de pair 154
   De quels nouveaux troubles les femmes actives
   souffrent-elles ? 155
   Des impacts importants aux périodes charnières 157
   Des solutions individuelles et collectives existent… 159
   Des impulsions à donner « d'en haut » 161
   Nouveaux troubles psychiques des femmes actives 163
      Anne et le burn-out 163
      Laure et la maternité 165
      Sophie et le harcèlement 166
      Florence et l'alcoolisme 168
   Un changement bénéfique à tous 170

« La question du genre, au cœur de l'avenir des sexes ? » 172
Olivia Chaumont

CHAPITRE 12
Les entreprises à l'aube d'une nouvelle mixité ? 183
Marie Boy
   Désir de pouvoir et rôles modèles 183
   Créer son modèle pour pallier leur insuffisance 184
   Entre désir et accomplissement, des freins à lever 186
   Intériorité, extériorité, et zones de pouvoir 188
   De l'importance du regard et de la parole 190

Réinjecter de l'espace de parole... pour femmes et hommes ! 191
De nouveaux comportements et attentes dans la génération Y 192

PARTIE 3
LE POUVOIR DANS LA SPHÈRE PUBLIQUE

CHAPITRE 13
Qu'ont fait les femmes de leur droit de vote ? 197
Valérie Lafarge-Sarkozy
    Le vote des femmes de droite à gauche 199
    Le vote des femmes en 2004 et 2007 204

CHAPITRE 14
Les femmes en politique 209
Capucine Fandre
    Les femmes politiques élues 210
    La parité hommes/femmes en politique 213
    Les femmes actrices des projets politiques 215
    Plaidoyer pour un engagement « massif » des femmes 221

CHAPITRE 15
Entre traditions maghrébines et religion musulmane, quels processus de libération des femmes dans le contexte français ? 223
Conversation entre Dounia Bouzar et Serge Hefez
    Le passage de la culture de type clanique au modèle basé sur l'individu 229
    De l'étanchéité des domaines masculin et féminin à l'indifférenciation des sexes 242
    Comment combattre les discours radicaux et privilégier les mouvements prônant l'égalité hommes/femmes ? 251

CONCLUSION
Pouvoir(e)s 267
Sophie Bramly

Remerciements 273

Les contributeurs 275

INTRODUCTION

Pouvoir(e)s

La femme a tellement changé depuis qu'elle a entrepris de s'émanciper, que la société tout entière en a été affectée ; les bouleversements qui en résultent provoquent des effets en cascade sur l'homme, l'entreprise et la collectivité en général. Certains hommes ont tiré un bénéfice de cette évolution et l'accompagnent, les autres, les nostalgiques de constructions obsolètes, ou les sceptiques, se posent des questions ; ces changements d'équilibres (ou de déséquilibres dans le cas qui nous intéresse ici) nécessitent mouvements et réajustements. Les femmes elles-mêmes sont parfois aussi perplexes que les hommes. Soit elles cherchent une nouvelle définition d'elles-mêmes – qu'est-ce qu'être une femme, hormis le pouvoir de gestation ? Soit elles cherchent à s'articuler sur des archaïsmes que d'autres combattent et qui, même s'ils ne les avantagent pas, ont tout au moins le mérite de leur être familiers.

Ces introspections, ces mouvements, ces avancées continuent de provoquer de tels bouleversements sociétaux et organisationnels que la réassignation des genres doit être constamment redéfinie, au fur et à mesure d'un darwinisme furieusement accéléré.

C'est pour mieux traduire l'ampleur de ces chamboulements qu'en juin 2010, nous avons créé l'Observatoire des Futur(e)s. Quarante-cinq femmes et hommes, intellectuels, politiques, chercheurs, chefs d'entreprises, artistes ou journalistes, dont l'excellence est reconnue, ont rejoint notre groupe de réflexion pour se pencher moins sur ce qui a été que sur ce qui pourrait advenir.

Très vite, une question s'est imposée : est-il possible de créer une société occidentale fondée sur l'harmonisation du pouvoir ou des pouvoirs ? Ce partage constituant, chacun, chacune l'éprouve chaque jour, le point nodal, le nœud gordien du rapport homme-femme, sans perdre de vue que nous sommes les *« enfants d'un héritage composite, nous oscillons entre la nostalgie du rituel et les fantasmes de la grande simplification »*[1].

C'est donc ce thème de l'harmonisation des pouvoirs que nous avons retenu et qui est au cœur de notre premier ouvrage.

Il n'est pas anodin que le mot « pouvoir » ait une double signification : « avoir la capacité de faire », d'une part, et « le droit d'agir pour un autre », d'autre part ; c'est-à-dire prendre le pouvoir où qu'il soit : dans les sphères

---

1. Bruckner, P., *L'Euphorie perpétuelle*, Grasset et Fasquelle, 2000.

politiques, sociales, privées. Cette double signification induit que le pouvoir est à la portée de tous et de toutes. Il suffirait, en principe, que le pouvoir de l'un s'accorde avec celui de l'autre, car le « pouvoir » a tant de pouvoirs qu'il s'exerce partout. Il donne aux individus le pouvoir d'être soi, d'être à l'autre, la possibilité de faire, et il régit également les rapports à la famille et au groupe. Il s'exerce tant et si bien en tous lieux qu'il nous faut sans cesse chercher où il s'exerce, s'il se situe réellement là où on le pense, et le trouver là où il pourrait ne pas être. Le dominant lui-même n'est-il pas soumis au dominé, car celui, ou celle, qui a soif de pouvoirs est parfois aussi celui ou celle qui est en déficit de ces derniers.

Nous avons observé cet exercice du pouvoir hommes/femmes dans les sphères sociales et professionnelles. Nous nous sommes demandé : quelles sont ses chances économiques ? Quel est le poids des apparences ? Quel est le coût de ce pouvoir ? Comment certaines femmes le laissent-elles tomber quand il devient trop lourd ? Comment nos traditions et nos croyances ont-elles contribué aux asymétries des genres ? Comment utilisons-nous le pouvoir dans la sphère politique, qu'il s'agisse de voter ou d'être élu(e) ? Il fallait bien là aussi faire le constat des fruits positifs de ces évolutions et de ceux qui, moins glorieux ou mal cultivés, pourraient gâter l'avenir.

Dans l'ontologie de Michel Foucault, le pouvoir est plus puissant précisément là où on pense qu'il est absent. C'est pourquoi, alors que pour les femmes il s'acquiert encore à force de batailles, de quotas et de lois, nous avons cherché à débusquer des forces inconnues, enfouies peut-être dans d'obscures cavernes, et nous nous sommes demandé s'il existait des stratégies immanentes, des réciprocités possibles ou des limites déjà définies pour atteindre une forme d'équilibre.

Dans la sphère privée, nous avons observé avec autant d'attention les développements en cours dans les couples et les familles nucléaires selon les archétypes hétérosexuels, que les modèles homosexuels et transsexuels, car ils exigent un travail d'introspection essentiel et proposent un plus grand nombre de schémas novateurs. S'ils ne représentent qu'un faible pourcentage avoué de la population, ils pourraient être les « béta-testeurs » d'un parangon futur pour l'ensemble du groupe social, qu'il s'agisse de nos comportements sexuels, de nouveaux modèles parentaux ou de la redéfinition du masculin et du féminin. Ceux qui sont passés d'un corps d'homme à un corps de femme, ou inversement, savent mieux que quiconque quels abus de pouvoirs peuvent se rencontrer de part et d'autre.

Ce ne serait pas faire justice à la femme que de lui assigner le rôle de victime, d'être privé de pouvoirs. Elle en a et sait fort bien les exercer. Il lui reste parfois encore à se familiariser avec ceux que les hommes lui ont depuis trop longtemps confisqués, ce qui implique la nécessité de ne pas inquiéter l'homme, confronté dans l'exercice du pouvoir professionnel à des manières qu'il ne connaît pas et qui peuvent lui sembler non pertinentes, ou impertinentes, puisqu'inconnues.

Le pouvoir, et c'est sa plus belle force, s'exerce au-delà des sphères sociales, professionnelles et affectives ; le premier pouvoir, le premier devoir, c'est la gouvernance de soi, c'est être ou devenir soi. « Deviens qui tu es », est le premier commandement de Dieu à Abraham.

Le libre-arbitre est un lieu exigu, mais il s'y dessine à l'heure actuelle une option nouvelle et riche de promesses : se réaliser en piochant dans les stéréotypes de l'un et de l'autre sexe, trouver un équilibre subtil et librement dosé entre le féminin et le masculin. Le port de la jupe ou du pantalon, le congé parental pour les pères, les solutions androgynes sont autant de signes révélateurs de nos avancées.

La gouvernance de soi, à la portée de chacun de nous, est le plus complexe, le plus ardu, le plus intéressant de tous les pouvoirs – me semble-t-il –, car il est à même de faire plier celui des autres, tant il impressionne lorsqu'il s'exerce naturellement.

Cependant, plus les options sont nombreuses, plus il est malaisé de trouver le juste modèle : notre époque est en perpétuelle évolution, nos repères sont parfois confus, et le trouble dans la définition des genres est en permanence soumis à des archaïsmes qui freinent, malgré une volonté certaine, le réajustement des pouvoirs partout où ils s'étendent.

Françoise Héritier évoquait la nécessité de faire évoluer la question des genres sur la base d'« *un processus au long cours d'écoutes mutuelles et de séduction qui signifieront la fin d'un paradigme jusqu'ici fondé ni sur l'une ni sur l'autre* »[1]. C'est sur ce principe que nous avons tenté d'observer le nécessaire partage des pouvoirs et son évolution.

Sophie Bramly,
présidente de l'Observatoire des Futur(e)s

---

1. Héritier, F., *Hommes, femmes : la construction de la différence*, Le Pommier, 2010.

PARTIE 1

Le pouvoir dans la sphère privée

Lieu de socialisation primaire pour l'enfant, lieu de « l'intime » pour l'adulte, la sphère privée est celle où se conditionnent et se cristallisent bon nombre de nos comportements, reproduits ensuite au fil de l'existence et au sein de chacun des espaces sociétaux que nous occupons. C'est aussi celle qui, par un effet de miroir permanent avec la société dans son ensemble, en reflète ou en précède les évolutions.

Or, les générations se suivent et ne se ressemblent pas. Depuis les années 1970, les chocs économiques successifs et des évolutions législatives importantes, mais surtout l'ensemble des bouleversements sociaux qui les ont suivis, ont conduit à une évolution accélérée de la cellule familiale. De son expression la plus simple – le couple – à son développement dans l'espace et le temps – les relations inter ou intragénérationnelles –, cette dernière « produit » à son tour des individus profondément différents de leurs aînés. C'est tout un système de valeurs, de comportements individuels et collectifs, d'attentes, qui s'en trouve modifié.

Médecins, juristes, sociologues, qui tous observent la sphère privée sous l'angle particulier de leur domaine d'expertise, ont apporté leur regard à l'Observatoire des Futur(e)s pour y questionner l'évolution des pouvoirs. De l'intimité du couple à la recomposition de la famille, des avancées légales à celles de la science, qu'est-ce qui aujourd'hui, et plus encore demain, pose les fondations nouvelles de cet équilibre ? Quelles en sont les conséquences pour ou sur les individus ?

CHAPITRE 1

Du rapport d'autorité au rapport de force ?

BÉATRICE WEISS-GOUT

L'évolution de la répartition des pouvoirs dans le couple constitue l'une des plus grandes mutations sociologiques des dernières décennies. Hier, chacun reconnaissait la légitimité du pouvoir de l'autre ; aujourd'hui, ces rapports d'autorité ont glissé vers des rapports de force. On peut lire à travers les évolutions législatives les tentatives de rééquilibrage des pouvoirs dans le couple dans trois domaines essentiels : les enfants, l'argent et les violences conjugales.

Il était un couple. L'homme exerçait légitimement un pouvoir sur l'argent ; la femme, tout aussi légitimement, exerçait un pouvoir sur les enfants. En revendiquant l'égalité, les femmes ont transformé ces rapports d'autorité : chacun exige de partager le pouvoir dans tous les domaines, sonnant le glas de l'exercice solitaire. De nos jours, les rapports d'autorité se sont transformés en rapport de force. S'il veut instaurer la paix dans le ménage, le couple doit désigner d'un commun accord qui, de ses deux composantes, exercera le pouvoir dans tel domaine, ou si elles l'exerceront ensemble, selon un consensus affirmé et réaffirmé chaque jour.

Pour être simple, cette analyse n'en est pas moins une grille susceptible d'analyser les sources de conflits ou les obstacles que rencontrent les couples. Elle s'applique notamment à deux domaines : celui des enfants, de leur naissance et de leur éducation ; et celui de l'argent : répartition des dépenses, acquisition du patrimoine. S'ajoute à ces deux domaines majeurs la délicate question des violences dans le couple.

Femmes et hommes égaux en droits sur la naissance ?

Qui décide de la naissance d'un enfant ? La contraception et la légalisation de l'IVG ont non seulement libéré les femmes, mais contraignent plus ou moins les hommes à se plier à leur volonté. La décision leur appartient. Mais qu'en est-il de l'établissement de la filiation paternelle avec l'enfant ? Le rôle de la mère y est majeur : elle peut empêcher toute recherche de paternité ou au contraire, imposer à un homme, par la voie judiciaire, une paternité non consentie. Si l'on ajoute le caractère quasi systématique des expertises génétiques, les pères ne peuvent plus se soustraire à leurs obligations vis-à-vis de leur enfant, désiré ou non.

Les femmes, elles, le peuvent : grâce à l'accouchement sous X. Créé pour protéger la femme en situation de détresse, mais surtout éviter un abandon « sauvage » de l'enfant, ou pire un infanticide, l'accouchement sous X remonte aux « tours » instaurées par saint Vincent de Paul, qui permettaient à une femme d'abandonner son enfant dans le secret en le déposant dans une sorte de tourniquet placé à l'entrée des hôpitaux. Aujourd'hui, l'accouchement sous X vise à donner à la femme sur le point d'accoucher de meilleures conditions sanitaires. Ces dispositions s'accompagnent toutefois de deux droits exclusivement réservés aux femmes :

- le droit au secret : « lors de l'accouchement, la mère peut demander que le secret de son admission et de son identité soit préservé » ; elle n'a à justifier d'aucun motif ;
- le droit d'abolir le lien juridique avec l'enfant.

Si, aujourd'hui, un enfant né sous X peut en théorie engager une action en recherche de maternité, celle-ci est en pratique le plus souvent vouée à l'échec, faute de preuve. Entre janvier 1993 et janvier 2009, l'accouchement sous X constituait même une fin de non-recevoir à toute action en recherche de maternité. À l'inverse, le père n'a pas le droit au secret : la loi le contraint à assumer sa paternité si la mère intente une action de recherche en paternité ; depuis la loi du 22 janvier 2002, il ne peut abandonner son enfant âgé de moins de un an à un service de l'Aide sociale à l'enfance (ASE) en conservant le secret de son identité. Parallèlement, l'accouchement anonyme le prive de tout accès à l'enfant et de la possibilité d'établir sa filiation : s'il n'interdit pas la reconnaissance paternelle ou l'action de recherche en paternité, celles-ci sont difficiles à exercer, surtout si l'enfant est en instance d'adoption.

L'accouchement sous X matérialise donc une sorte d'inégalité entre le père et la mère, qui peut être atténuée. D'une part, par la reconnaissance prénatale par le père. Depuis l'arrêt de la Cour de cassation dit « Benjamin » du 7 avril 2006, l'enfant né sous X, reconnu par son père avant sa naissance, n'est plus adoptable. Cet article se fonde sur l'article 7.1 de la Convention Internationale des droits de l'enfant (d'application directe en France), qui garantit à l'enfant le droit de connaître ses parents et d'être élevé par eux. Mais son application sera limitée puisqu'elle nécessite que le père puisse identifier l'enfant avant son adoption et que les autorités responsables d'adoption soient informées de l'existence de la reconnaissance prénatale. D'autre part, l'article 62-1 du Code civil permet au père de saisir le procureur de la République pour rechercher la date et le lieu d'établissement de l'acte de naissance de l'enfant, malgré le secret opposé par la mère.

Si la loi du 22 janvier 2002 a permis quelques avancées, le pouvoir sur la naissance et sur l'établissement de la filiation reste aux mains de la mère, et la société ne semble pas, à l'exception peut-être des enfants de la dernière génération, devoir le remettre en cause.

Femmes et hommes égaux face à l'éducation des enfants ?

La Loi accorde au père et à la mère les mêmes droits pour l'éducation des enfants. C'est un fait… qui ne prend pas en compte la complexité de cette « cogestion » lorsque les parents ne sont pas d'accord sur le modèle éducatif. Délicate lorsque les parents partagent le même toit, cette cogestion devient source de conflit en cas de séparation. Pour une nouvelle répartition des rôles, deux pistes sont possibles. Soit dans le temps : le pouvoir décisionnel appartiendrait à chacun des parents selon une alternance qu'ils déterminent ensemble. Les parents réduisent ainsi le rapport de compétition, et au lieu de souligner les défauts éducatifs de l'autre, s'attachent à transmettre leurs propres valeurs. Soit en se reconnaissant des rôles différents : la mère participe davantage à la construction intérieure de l'enfant, tandis que le père participe à la construction de ses rapports avec les autres.

Même si les revendications des pères sont très importantes, même si les mères commencent à revendiquer, lors d'une séparation, un partage égalitaire du temps passé avec les enfants, les statistiques montrent que les enfants sont le plus souvent confiés aux mères, et que les pensions alimentaires sont plus souvent imposées aux pères. En témoignent les exemples suivants, anciens, mais significatifs :

- Dans les divorces prononcés de 1996 à 2007, 76,8 % des décisions prononcent la résidence habituelle de l'enfant chez la mère (72 % dans les divorces par consentement mutuel) ; 7,9 % prononcent la résidence chez le père ; et 14,8 % prononcent la résidence en alternance (21 % en cas de consentement mutuel).
- En ce qui concerne les pensions alimentaires, lorsque la résidence habituelle de l'enfant est fixée chez la mère, 83,9 % des décisions fixent une contribution par le père ; lorsque la résidence est fixée chez le père, seulement 25,3 % des décisions fixent le versement d'une contribution par la mère.
- En outre, 43 % des pensions alimentaires ne sont pas ou mal payées.

Si aujourd'hui, du moins dans les médias, le père revendique le partage des pouvoirs et une véritable coparentalité, la réalité est tout autre. C'est encore la mère qui détient un pouvoir légitime sur l'éducation de ses enfants.

Femmes et hommes égaux face à l'argent du ménage ?

Autre lieu de pouvoir, l'argent du ménage était traditionnellement dans le « portefeuille d'autorité » de l'homme. Il faut ici distinguer deux « moments » : celui de la contribution et celui de la gestion.

Pour la contribution, l'homme est encore le principal contributeur et la femme considère que l'éducation des enfants et les tâches ménagères constituent sa contribution. En cas de séparation, le conflit naît souvent du fait que le mari a financé le patrimoine dont il est quelquefois seul propriétaire, tandis que l'épouse a financé sans contrepartie les charges courantes. En réalité, c'est au moment de la séparation qu'apparaît de manière flagrante l'inégalité économique au sein d'un couple : dans la quasi-totalité des cas, la femme est créancière de la prestation compensatoire et la disparité qu'il faut compenser concerne les revenus, les droits à la retraite et le patrimoine.

Quant à la gestion financière, la loi a progressivement fait évoluer la condition féminine. Rappelons que jusqu'à la loi du 18 février 1938, la femme mariée devait demander l'autorisation au mari d'exercer une profession. Mais le mari conservait la possibilité de s'opposer à son exercice. Ce n'est qu'en 1965 que la loi a accordé une liberté totale à la femme mariée d'exercer une profession, d'ouvrir un compte bancaire à son nom et d'en disposer librement.

L'évolution semble ne s'achever qu'aujourd'hui : en majorité, les jeunes couples partageraient réellement les décisions financières et patrimoniales.

Femmes et hommes égaux face à la violence ?

Difficiles à combattre, car difficiles à établir, les violences physique et psychologique continuent de ponctuer la vie de certains couples. Bien que la société commence à les combattre, l'importance et la gravité de ces situations sont souvent niées.

Des avancées légales importantes ont marqué ces dernières années. La loi du 4 avril 2006 a renforcé la répression à l'égard des violences physiques. Désormais, une circonstance aggravante est insérée dans la partie générale du Code pénal dans l'article 132-80 : *« Dans les cas prévus par la loi, les peines encourues pour un crime ou un délit sont aggravées lorsque l'infraction est commise par le conjoint, le concubin ou le partenaire lié à la victime par un pacte civil de solidarité. »* En outre, la loi consacre de manière explicite la répression pénale des violences sexuelles. Si le législateur n'avait jamais exclu le viol entre époux – l'hostilité des magistrats à s'immiscer dans l'intimité des couples prévalait –, ce n'est que dans les années 1990 que la jurisprudence a reconnu de manière prudente le viol entre époux. Le 5 septembre 1990, la Cour de cassation a ainsi rendu un premier arrêt aux termes duquel le lien conjugal n'empêchait aucunement la qualification de viol (Crim. 5 sept. 1990, *Bull. crim.* n° 232). Le 11 juin 1992, un second arrêt, confirmé par la Cour européenne en 1995 (CEDH 22 nov. 1995, CR et SW c/Royaume-Uni), décide que *« la présomption de consentement des époux aux actes sexuels accomplis dans l'intimité de la vie conjugale ne vaut que jusqu'à preuve du contraire* » (Crim. 11 juin 1992, *Bull. crim.* n° 232). Enfin, par la loi de 2006, le législateur consacre expressément le viol entre époux : le nouvel alinéa de l'article 222-22 du Code pénal édicte que « *le viol et les autres agressions sexuelles sont constitués lorsqu'ils ont été imposés à la victime dans les circonstances prévues par la présente section, quelle que soit la nature des relations existant entre l'agresseur et sa victime, y compris s'ils sont unis par les liens du mariage* ». Quant au régime probatoire, le législateur a opté pour la consécration de la solution jurisprudentielle : l'article 222-22 se poursuit par « *dans ce cas, la présomption de consentement des époux à l'acte sexuel ne vaut que jusqu'à preuve du contraire* ». Reste que, dans le contexte de ces dispositions théoriquement protectrices des deux époux, on peut regretter une récente décision, certes civile, mais qui a condamné un époux à des dommages-intérêts significatifs pour n'avoir pas accompli son « devoir conjugal », confirmant une inégalité de traitement…

Sur le plan civil, la loi a affirmé le devoir de respect réciproque, toujours dans l'optique d'une lutte contre les violences conjugales. Le législateur a aussi modifié l'article 144 du Code civil en posant comme principe que l'homme et la femme ne peuvent contracter mariage avant dix-huit ans révolus. Si l'objectif peut apparaître égalitaire, le texte est surtout inspiré de la volonté de lutter contre les mariages forcés. S'ajoute à cette disposition une nouvelle cause de nullité relative du mariage :

« L'exercice d'une contrainte sur les époux ou l'un d'eux, y compris par crainte révérencielle envers un ascendant, constitue un cas de nullité du mariage. »

Femmes et hommes enfin en paix ?

En matière de violences conjugales, une dernière avancée plus récente permettrait que les rapports de force ou d'autorité au sein des couples se rationalisent et se règlent sans pression. La loi du 9 juillet 2010 (n° 2010-769) institue notamment :

– L'ordonnance de protection. Désormais le juge aux affaires familiales, pouvant être saisi par la victime (requête) ou par le ministère public avec l'accord de celle-ci, dispose de mesures tant civiles que pénales pour protéger la victime de violences conjugales. La décision sera délivrée en urgence par le juge *« s'il estime, au vu des éléments produits devant lui et contradictoirement débattus, qu'il existe des raisons sérieuses de considérer comme vraisemblables la commission des faits de violence allégués et le danger auquel la victime est exposée »* (art. 53-1 et 75 du Code de procédure pénale). Le juge pourra mettre en place, sans attendre le dépôt d'une plainte, les mesures d'urgence : éviction du compagnon violent, relogement hors de sa portée en cas de départ du domicile conjugal, interdiction du port d'arme, fixation des modalités d'exercice de l'autorité parentale et de la contribution aux charges

du mariage, admission provisoire à l'aide juridictionnelle, etc.
- L'éviction du concubin. L'expulsion du partenaire d'un pacs ou du concubin évincé du domicile pour violences sera alignée sur le régime actuellement applicable au conjoint violent.
- Le retrait de l'autorité parentale. La loi permet au juge aux affaires familiales, lorsqu'il se prononce sur l'exercice de l'autorité parentale, de prendre en compte les violences conjugales (art. 373-2-11 du Code civil) et au juge pénal de retirer totalement l'autorité parentale à l'auteur ou aux complices des violences (art. 378 du Code civil).
- La lutte contre les mariages forcés. Le texte réprime plus sévèrement les violences commises en vue de contraindre une personne à contracter un mariage ou en raison de son refus de se soumettre à un mariage forcé et applique la loi pénale française lorsque ces faits sont commis à l'étranger à l'encontre d'une personne résidant habituellement sur le territoire français (C. pén., art. 221-4, 221-5-4, 222-3, 222-6-3, 222-8, 222-10, 222-12, 222-13 et 222-16-3). Menacée de mariage forcé, une personne peut, depuis le 1er octobre 2010, bénéficier d'une ordonnance de protection.
- La constitution du délit de violences psychologiques. On a créé un délit de violences psychologiques au sein du couple, existant ou passé (près de 84 % des quatre-vingt mille appels reçus au 39 19 relèveraient de telles violences).

Toutes ces mesures confirment que l'égalité est en marche. Une longue marche, qui doit s'opérer à l'intérieur du couple dans le respect de chacun, mais aussi dans un respect mutuel, socialement consacré, entre les hommes et les femmes. Il convient toutefois de garder à l'esprit que pour y parvenir, la discrimination positive au profit du plus faible ne doit être qu'une étape : l'équilibre ne peut s'établir qu'à partir d'une égalité de traitement.

CHAPITRE 2

Rechercher l'équilibre au-delà des différences

CHRISTINE VAHDAT-SONIER

La recherche scientifique et les luttes sociopolitiques ont, en quelques décennies, bouleversé nos théories sur la différence des sexes, née de la nature, et ses conséquences sur le couple, héritées de la culture. Cette évolution physique, morale et sociale a abouti à une redéfinition de la gestation et de la parentalité, à un questionnement sans précédent dans l'histoire du couple.

À en croire la Bible, l'équilibre entre hommes et femmes repose sur deux mythes fondateurs : leur différence de sexe, établie par le fait qu'Ève est créée d'Adam, qui l'a précédée ; leur inégalité, conséquence de la faute originelle d'Ève. Il fut longtemps naturel qu'elle enfante « dans la douleur » et que, chassé du Paradis, il gagne le pain quotidien du couple et de sa descendance. Alors que ce second postulat était balayé par l'accès des femmes au monde professionnel, science et lutte sociopolitique, ont conjointement eu raison du premier postulat.

Tu enfanteras si tu veux, comme tu veux… et avec qui tu veux

Depuis que la péridurale permet d'éviter aux femmes la douleur de l'enfantement, Ève a vu s'alléger sensiblement la contrainte de son «rôle». Rôle que l'acquisition progressive du contrôle de la fécondité par les femmes a complètement modifié. La loi Neuwirth du 28 décembre 1967 sur la légalisation de la contraception les a affranchies de l'angoisse d'une grossesse non désirée, et leur a ouvert la voie à une (re)découverte de leur corps et de leur sexualité. Des thèmes repris par nombre de voix en mai 1968, et par le Mouvement de libération des femmes (MLF), dans sa lutte pour le droit à l'avortement. En 1975, grâce à la loi Veil la revendication «Un enfant si je veux, quand je veux» est satisfaite : l'avortement est devenu légal. Le contrôle de la fécondité, étape indispensable vers l'égalité homme/femme, est conquis.

Restait à revisiter les modèles de parentalité. À partir des années 1980, la procréation médicalement assistée (PMA) et la fécondation *in vitro* (FIV) permettent aux couples stériles d'accéder à la grossesse. Une première victoire sur la nature, qui en préfigure d'autres, l'évolution et l'extension de ces techniques – dons de sperme, d'ovules et d'embryons, et gestation pour autrui (GPA) – permettant aux femmes célibataires, ménopausées ou homosexuelles de devenir mères, et de porter ou pas leur enfant biologique. Ainsi, les limites de l'âge et de l'absence de partenaire masculin sont contournées. Mieux encore, la constitution d'une fratrie biologique est possible, le recours à un même donneur de sperme pour des grossesses successives permet de mettre au monde des sœurs et des frères d'un même père biologique inconnu.

Une relecture des mythes fondateurs des sciences humaines

L'Association des Parents et futurs parents Gays et Lesbiens (APGL) a créé le vocable « homoparentalité » pour désigner « toutes les situations familiales dans lesquelles au moins un adulte qui s'autodésigne comme homosexuel est le parent d'au moins un enfant ».

Au-delà des mots, cette déconnexion de la procréation à la parentalité et à l'autorité questionne en réalité les rapports « de force » dans le couple et la configuration nouvelle des relations familiales, qui font désormais appel à un large réseau de référents adultes. Dans son étude « Entre narcissisme et altérité : le couple homosexué », Jad Ferzli[1] pose les questions suivantes : « *Qu'est-ce qu'un couple ? Le couple est-il forcément constitué et donc défini par la différenciation sexuelle ? Comment comprendre et interpréter la différence des sexes, d'un point de vue psychologique ? Le couple*

---

1. « Entre narcissisme et altérité : le couple homosexué » ou « Comment les couples de même sexe ayant le désir d'élever un (ou des) enfant(s) interrogent et invitent à une relecture des mythes fondateurs des sciences humaines ». Intervention au colloque « Transformations de la Parenté ou Formes Inusitées ? », organisé par Le Point de Capiton, en partenariat avec le Centre Hospitalier de Montfavet, Pôle Nord-Vaucluse de Pédopsychiatrie, les 24 et 25 mars 2007.

a-t-il pour nécessaire finalité la procréation ? » Autrement dit, le couple homosexué peut-il être reconnu comme le socle d'une famille ? Jad Ferzli répond : « *Sur le plan de leur structuration, on peut assimiler à des couples certaines associations de deux personnes, même lorsqu'elles n'ont pas de possibilité procréative, ni de cohabitation habituelle, ni même de relations sexuelles, du moment qu'elles sont liées par des liens affectifs denses et organisées en fonction d'une certaine durée. On retrouve, en effet, en leur sein la plupart des caractéristiques retrouvées chez les couples conjugaux les plus fréquents. C'est ainsi que peut se définir une véritable fonction psychique du couple.* »

C'est en quelque sorte à partir de ces couples atypiques qui englobent la situation des homosexuels que se dégage la fonction psychique du fait de « former couple », en dehors de la différence des sexes, des relations sexuelles, de la procréation et même de la cohabitation. Le danger repose sur la perte de repères qu'engendre la remise en question des fonctionnements classiques au sein du couple masculin-féminin. Freud conseillait de « *ne jamais laisser le Moi vide d'identification* » : nous pouvons nous poser des questions, mais nous ne pouvons pas détruire sans poser les jalons de nouvelles constructions.

Couple et maternité au féminin pluriel

Le comportement des couples d'homosexuelles accédant à la maternité éclaire l'évolution de l'ensemble des couples. Alors que dans certains d'entre eux, la reproduction normative des fonctions définies au sein du couple hétérosexuel tend à les rapprocher de ces derniers, d'autres définissent un autre type de relation, où deux féminins coexistent. La répartition des pouvoirs économiques ou parentaux entre les conjoints dessine un nouveau modèle.

Le parent biologique ayant donné naissance à l'enfant, le coparent ou parent social ne peut s'appuyer sur la loi pour être nommé: sa fonction se définit de façon individuelle, chaque couple se faisant nommer comme il le souhaite. Et si l'absence de distinction ou d'opposition entre les genres définit de nouveaux rapports, il y a bien triangulation de la relation et séparation mère-enfant, puisque la compagne ou le coparent peut faire office de tiers séparateur, sans différenciation sexuée des deux parents. Les études de l'APGL[1] tendent à montrer que les co-mères, mères sociales ou biologiques, partagent de manière plus équitable que les couples hétérosexuels les tâches domestiques et parentales; les résultats montrent que les enfants tirent un bénéfice de ce partage équitable. Résultats que partage Maria Del Mar Gonzalez[2]: son étude qualifie d'«*adéquates pour un bon développement des enfants*» les dynamiques relationnelles au sein de ces familles. Elle observe que la prise de décision au sein des

---

1. www.apgl.fr
2. «Dynamiques familiales quotidienne et développement de l'enfant et de l'adolescent dans les familles homoparentales», département de psychologie du développement et de l'éducation (Université de Séville), (Chercheur responsable), Collège officiel des psychologues de Madrid. Fernando Chácon, Ana Belén Gómez, département de psychologie développement et de l'éducation, Université de Séville, Espagne.

couples homosexuels se fait toujours en commun et que l'attention portée aux enfants par chacun des coparents est identique. Dans ces couples, cette égalité semble permettre une grande satisfaction conjugale, dont le score est évalué suivant le *Marital Adjustment Test*[1].

Les obstacles à devenir parents pour ces couples semblent structurer la relation sur un mode égalitaire. Est-ce l'introspection nécessaire à l'homosexuelle pour se positionner en tant que telle dans sa famille, son travail, dans la société, qui lui permet de construire un couple mature pour accéder à la parentalité? Est-ce l'absence de différence sexuelle? Est-ce la réflexion qui précède la parentalité qui génère un rapport plus égalitaire? Le couple d'homosexuelles qui décide de devenir parents, quelle que soit la méthode choisie, aura à surmonter bien des difficultés: administratives, médicales, sociales, psychologiques. Ce parcours d'obstacles nécessite une réflexion dont sont exonérés les couples hétérosexuels. Le temps précédant la naissance semble induire une répartition des pouvoirs, hors compétition.

Cultiver la différence identitaire, pour le bien du couple

Les couples hétérosexuels sont pris par les modèles parental et sociétal sans réfléchir à leur propre mode de

---

1. Locke et Wallace, 1959, épreuve incluant quinze items et évaluant cette satisfaction conjugale.

fonctionnement ; l'héritage social les emprisonne dans un schéma archaïque. Devenir parent est le plus souvent la suite logique de leur « mariage », tandis que les couples homosexuels ont dû se libérer de cet héritage et construire leur propre modèle. Au sein de ces couples, l'altérité est liée à la différence de l'individu et non à la différence liée au sexe. Est-ce de celle-ci que découle le rapport à l'altérité dans le couple hétérosexuel ? Alors comment expliquer que les inégalités persistent alors que la différence homme/femme tend à s'estomper ? Le pouvoir, autrefois détenu par le père, demeure une source de conflit qui doit être dépassée. La différence identitaire, indispensable au bon fonctionnement du couple hétérosexuel, devrait être le lieu privilégié de la cohabitation du féminin et du masculin. Après les slogans des années 1960, « *La femme est un homme comme les autres* », nous vivons actuellement une anthropologie de la différence ; période d'observation qui débouchera nécessairement sur une reconstruction et de nouveaux modèles de fonctionnement du couple. Mais est-il souhaitable de faire disparaître les différences ? Ce serait confondre différence et inégalité : la différence des sexes ne peut plus servir de fondement à l'inégalité.

La femme ne doit pas se construire en s'assimilant à l'homme, mais en fonction des droits qui lui assurent l'égalité et la différence.

Couple et homoparentalité : qu'est-ce qui change ?

Anne et Isabelle[1], trente et un ans et trente-neuf ans, vivent en couple depuis sept ans, et sont mères d'un petit garçon, Simon, né en juillet 2011. C'est Isabelle qui l'a porté, qui est sa mère biologique. Anne est le parent social, pour reprendre la terminologie de l'APGL. Accompagnées médicalement dans leur désir d'enfant par Christine Vahdat-Sonier, elles évoquent, avec leur médecin, leur vie de couple et de mères.

■ *Vous sentez-vous dans le couple comme deux féminins, ou comme un féminin/masculin ?*
Isabelle : Deux féminins. J'ai un caractère plus masculin qu'Anne, mais je ne m'identifie pas à un homme dans notre couple.
Anne : Je dis souvent que ma femme, c'est « *mon p'tit mec* ». Je trouve qu'Isabelle a été élevée comme un garçon.

■ *Quand vous est venu votre désir d'enfant ?*
Isabelle : Tout de suite, mais nous n'avons entamé les démarches qu'après quatre ans de vie commune. Après notre pacs.

---

1. Les prénoms ont été changés.

■ *Vous a-t-il fallu quatre ans pour avoir un enfant et vous poser la question de la répartition des pouvoirs dans le couple ?*
Isabelle : Pas du tout. J'ai la conviction que le pouvoir ne doit pas s'exercer au sein du couple. Il arrive qu'il y ait des rapports de force. Mais je ne conçois pas les couples sous cet angle, car qui dit pouvoir sous-entend domination.

■ *Dans certains couples hétérosexuels, les conflits sont partout. Toute concession semble vécue comme une menace. Tout est source de rivalité pour s'approprier un pouvoir.*
Anne : Dans un couple homosexuel, il y a une répartition. Il y a une différence entre nous en ce qui concerne le quotidien, le matériel, la gestion du domestique. Pour le reste, l'égalité est indiscutable. Est-ce parce qu'on évolue dans le même milieu professionnel ? Est-ce parce qu'on a le même salaire ? Ou parce que nous nous sommes enrichies des mêmes choses par nos voyages, par ce que nous aimons ?
Isabelle : Je ne crois pas. Je pense que c'est une question de personnalité.
Anne : Mes parents avaient des rapports très conflictuels, ma mère monopolisait l'autorité. Je ne voulais pas reproduire ce schéma. D'autant plus qu'Isabelle ne faisait rien à la maison, ce qui a freiné parfois mon désir d'enfant. La répartition du pouvoir domestique – car c'en est un – me préoccupait. Alors nous en avons parlé, et Isabelle en a pris conscience. Depuis que Simon est là, nous nous répartissons les tâches plus naturellement. Et sur le reste, nous sommes d'accord.

Isabelle : Durant ma grossesse, et même avant, j'ai vraiment réfléchi à Anne qui ne portait pas cet enfant, qui est dans la situation du père, mais sans avoir transmis ses gènes. Il me fallait être très vigilante, très réceptive à ses impressions, à ses besoins, à ses envies. Que tout soit le fruit d'un consensus ou d'une réflexion commune. Même pour mon corps – car il s'agissait quand même de mon corps –, j'étais prête à faire des concessions pour ne pas braquer Anne, mais dans cette intention : lui donner les gages – qu'elle n'a pas demandés – d'égalité de décision dans tout ce qui concernerait notre enfant.

Anne : Comme la société ne me donne aucun droit sur mon enfant, ma femme m'en a donné au sein de mon couple. De plus, nous avons accompli ensemble toutes les démarches pendant des années, sans jamais être seules. C'est « notre » projet, une démarche scientifique et administrative, qui fait que nous sommes finalement extrêmement liées, associées. Tout est réflexion à deux, choix à deux. Quand je compare notre comportement à celui de nos amies, à notre éducation très classique, je constate que dans le couple hétérosexuel, on ne réfléchit pas assez : on se marie jeune, on a des enfants… Puis tout lasse, tout casse.

■ *J'ai le sentiment que dans les couples d'homosexuelles que j'accompagne et qui accèdent à la parentalité, « quelque chose » de l'ordre du conflit a été supprimé. C'est ce que vous ressentez ?*

Isabelle : Je ne sais pas si c'est lié au fait que le couple homosexuel réfléchit davantage à ses rôles respectifs dans le couple et dans la parentalité, ou si c'est lié à l'introspection nécessaire, dans notre société, à la personne qui est ou qui devient homosexuelle. Vous devez vous positionner par rapport à votre famille, à vos collègues… Peut-être cette introspection quasi obligatoire facilite-t-elle ensuite les rapports de couple. Quand vous avez beaucoup réfléchi sur vous-même, sur ce que vous êtes, sur ce qui est important ou pas, ce que vous voulez ou pas, il me semble que beaucoup d'aspérités et de rapports de force disparaissent. Il est peut-être plus compliqué pour les hétérosexuels de se connaître, de mener cette introspection, parce qu'ils n'y sont pas contraints.

Anne : J'ai toujours fréquenté des hommes avant de rencontrer la personne avec qui je voulais faire ma vie. C'était une femme, cela m'a pris du temps. S'engager devant nos familles, devant Dieu, c'est un choix très lourd… Pourtant, je me sens tellement plus légère depuis que j'ai fait ces choix.

Isabelle : Nous avons l'une et l'autre un fort caractère, mais la même idée de ce qui doit composer un couple : du respect, de la réflexion, de la bienveillance. Il y a une certaine maturité dans le nôtre. Nous ne sommes pas dans le « ni-ni », mais nous ne sommes pas non plus dans le consensus mou : nous sommes dans le choix, dans une solution négociée, réfléchie, écoutée, argumentée, et il est rare que ce soit une concession. L'enjeu n'est pas la victoire, ou alors c'est une victoire pour notre couple.

■ *Le fait qu'il y ait moins de rapports de conquête, de séduction et de force permet de disposer d'une énergie plus grande pour s'épanouir dans le couple et dans la vie professionnelle. Dans le couple homosexuel, cela vous paraît-il lié au fait que la quête du prince charmant n'existerait pas ?*
Anne : Je cherchais mon prince charmant, qu'il ait une jupe ou un pantalon.
Isabelle : Quant à moi, j'ai longtemps mené cette quête. Non pas formellement « attendre l'homme qui » – ma mère avait à cœur que je sois indépendante, que je fasse des études, etc., pour être libre, pas sous la coupe d'un mari –, mais j'avais quand même le désir de fonder un couple avec le compagnon idéal, de faire des enfants, etc. Je dirais donc qu'il n'y a pas le rapport de force, pas celui qui décidera pour la famille, pour sa femme, mais nous sommes fondamentalement dans une séduction identique. En revanche, toute l'énergie qui n'est pas utilisée pour dominer, prendre le pouvoir domestique, est disponible pour le travail. Dans cette lutte pour le pouvoir, je trouve très intéressante la réflexion d'Élisabeth Badinter, dans son livre *XY, de l'identité masculine*[1]. Elle réfléchissait à la manière

---
1. Odile Jacob, 1992.

de redéfinir les rôles et particulièrement les difficultés que peuvent rencontrer les hommes à être masculins, virils, sans avoir tous les attributs du pouvoir. Ils n'ont plus l'autorité légale, pourtant, comme ils ont grandi dans une sphère hétérosexuelle, où on était viril parce qu'on détenait l'autorité, il est très compliqué pour les hommes des générations actuelles de se percevoir comme virils sans en avoir les attributs. Il est vrai que de ce point de vue, nous nous sommes libérées.

Anne: En fait, nous sommes des partenaires. Je trouve que le mot anglais «*partner*» est le plus exact, même si j'utilise souvent «ma femme», que je trouve plus intime. Dans «*partenaire*», il y a l'égalité. Ce n'est pas «ma femme/mon homme», «mon époux/mon épouse». Je vois toujours ma femme comme un référent à qui je vais pouvoir, de façon très libre et sans aucun enjeu, expliquer mon point de vue, poser une question. J'attends son opinion avec beaucoup d'envie. Et elle ne cherche pas à m'imposer son avis en me tenant un double discours. Je ne sais pas si nous serions pareilles dans un couple hétérosexuel. Pour avoir vécu au quotidien avec un homme pendant cinq ans, j'ai constaté une sorte de reproduction du schéma naturel de la caverne. Pas dans un rapport avec une femme. Dans un couple hétérosexuel, c'est comme si une microsociété s'installait, où toute la lourdeur du schéma social se reproduirait.

■ *N'y a-t-il pas quelque chose de très primal entre l'homme et la femme qui se « menacent » dans la différence du sexe de l'autre ?*

Anne : Quand je vivais avec un homme, une sorte de puissance masculine s'exprimait dans le geste. Je n'ai jamais ressenti cela avec Isabelle. Partenaire n'est qu'un mot, mais il veut dire beaucoup dans la symbolique des pouvoirs ou des rapports de force. On est une association. C'est ce qu'on ressent. Mais il n'est pas certain que ce soit parce que nous sommes un couple de femmes ; parmi nos amis, un couple hétérosexuel d'une soixantaine d'années est aussi « partenaire ».

Isabelle : Ils diffusent un sentiment d'égalité qui m'a toujours surprise. Mais ils ont eu très tôt dans leur couple cette introspection, une interrogation assez profonde, sur un non-choix d'enfant. Voilà pourquoi je me demande si nous ne sommes pas plus attentives au non-conflit, à la discussion, parce que nous savons qu'on peut rester à deux. L'autre doit nous suffire, parce qu'on ne sait pas si on peut avoir le « couronnement » de cet amour. Je me suis toujours demandé : « *Regarde-la bien. Il se peut tu n'aies pas d'enfant avec elle. Vous suffisez-vous mutuellement ? Le quotidien est-il agréable ? Un enfant viendra-t-il remplir un vide ?* » Pour un couple hétérosexuel, le postulat de base est qu'ils vont avoir un enfant, et c'est un problème s'ils n'en ont pas. Pour nous, c'est l'inverse. Et cela nous rend plus solides.

CHAPITRE 3

La libido, enjeu de pouvoir au sein du couple ?

SYLVAIN MIMOUN

Évoquer les pouvoirs au sein du couple n'invite pas si spontanément que cela à visiter le champ de la sexualité. Oubli ou tabou ? Il s'y joue pourtant, et plus encore depuis que la libéralisation des mœurs a permis aux femmes d'y exercer aussi le leur, des enjeux de pouvoir non négligeables. Qui parlent également du rapport que chacun entretient à soi et à son histoire.

La sexualité, dans l'intimité du couple, est un lieu de pouvoir. Jusqu'à une époque relativement récente, on imposait à la femme la soumission, y compris pour les demandes dites « hors normes ». La libéralisation des mœurs a, en apparence, permis à l'épouse certaines conquêtes. En apparence seulement, car l'attitude traditionnelle perdure, même si elle a changé de visage.

Je, jeux, et enjeux sexuels

Première évolution notable dans le comportement sexuel des femmes : la libération de la parole. Elles disent désormais ce qu'elles veulent et ce qu'elles ne veulent pas, elles osent même proposer. Par ailleurs, même si elles tolèrent plus que les hommes le « non-rapport », en consultation elles évoquent le manque ou l'absence d'envie de leur partenaire.

Mieux encore, elles prennent l'initiative des « jeux » sexuels. Dans les schémas classiques, comme celui que dépeint le film de 1967 de Luis Buñuel, *Belle de Jour*, l'homme puissant dans la vie réelle – adulé, au sommet de la hiérarchie sociale… – pouvait trouver dans des maisons closes une prostituée qui le domine, le frappe, l'humilie. Ce jeu s'est déplacé au sein de certains couples : la femme, plus libre, joue le rôle de la maîtresse dominatrice. L'homme peut lui demander des « prestations » sexuelles un peu particulières, qu'il ne demanderait pas à d'autres femmes. Apparaît alors à l'intérieur du couple un jeu de pouvoir sur le thème « par où je te tiens ». Or beaucoup de pratiques sexuelles sont acceptées « officiellement » par la société, mais pas réellement. Les femmes peuvent revenir sur ce qu'elles acceptent et le reprocher à leur partenaire. Le simple fait d'aimer les films pornographiques peut causer un différend, alors que la pratique était supposément acceptée.

Une troisième évolution des pouvoirs s'observe au sein de couples asymétriques, en particulier celui constitué par

« la femme puissante financièrement et son jeune amant ». Nonobstant que quand une femme est avec un homme, indépendamment de l'âge et de la hiérarchie sociale, elle est plus rapidement inquiète de son gage de séduction à elle ; le pouvoir sexuel dans ces couples s'échange.

La femme peut être celle qui éduque et guide, puis lorsque l'homme reprend du pouvoir, accepter la soumission. Comme dans *Belle de Jour*, les personnes de pouvoir peuvent jouir d'être soumises, et ces femmes de pouvoir ne font donc pas exception. Pour la psychanalyste Jacqueline Schaeffer, les femmes qui n'arrivent pas à jouir sont celles qui n'arrivent pas à se soumettre. Or, il est important qu'elles puissent le faire. Le rapport sexuel est un jeu : si on accepte les règles de ce scénario fantasmatique, on s'amuse ensemble : « *Je suis le chef, tu es le chef, parfois c'est moi, parfois c'est toi* » ; l'essentiel est que l'on se retrouve et que dans ces retrouvailles, l'un et l'autre aient du plaisir.

La sexualité comme levier de pouvoir au sein du couple...

La difficulté du couple peut naître lorsque cet échange n'a plus lieu. Conjugalement, soit on veut régler des comptes, soit on veut régler la situation : pour accepter de se soumettre, il faut mesurer le bénéfice que l'un et l'autre peuvent en tirer. Les couples traversent plusieurs tranches de vie, la dernière étant celle d'une sérénité relative, où, à condition que les individus « fonctionnent » bien, il n'est plus question de savoir qui domine l'autre. Si dans les faits, l'un domine toujours l'autre sur un point ou un autre, un équilibre se crée à la faveur des partages qui peuvent se faire dans les différents types de domination. En revanche, une difficulté se fait jour quand les deux partenaires veulent le pouvoir au même endroit. Certaines femmes utilisent la privation sexuelle pour obtenir ce qu'elles souhaitent, et se refusent si elles ne l'obtiennent pas, comme si l'acte sexuel n'avait aucun bénéfice pour elles. Elles agissent comme si leur partenaire était le seul bénéficiaire du rapport sexuel, dont elles peuvent par ailleurs plus facilement se passer.

Le jeu peut être « perdant-perdant », si on cherche à exciter la jalousie de l'autre, sans résultat. Les deux partenaires sont perdants quand la femme consent à un rapport sexuel pour éviter un point de confrontation. Elle ne participe pas vraiment au rapport sexuel, mais s'y contraint pour obtenir autre chose. La sexualité est donc utilisée comme un levier de pouvoir, et le plaisir en est absent.

... ou comme moyen d'épanouissement au service du couple

L'allié de la femme, c'est son propre plaisir. Sans jamais « se forcer », mais en « se motivant », elle peut jouir, stimuler son envie de recommencer, et en faire une habitude. La question du pouvoir n'est pas essentielle, car elle revêt plusieurs facettes. Dans le « *je ne me fais pas dominer* », elle fonctionne par la négation. Dans « *il faut que je l'aie à ma merci* », on approche de la manipulation. Certains, hommes ou femmes, ne jouissent que de cette satisfaction, qui compense un manque personnel : le petit garçon d'autrefois, ou la petite fille d'autrefois règle ses comptes. On peut accéder au pouvoir social, mais être intérieurement fragile : un mot suffit à faire surgir le doute, à briser l'image que l'on a de soi. Le plus important pour les hommes est que, passé la cinquantaine, leur érection fonctionne toujours. On est surpris de constater que certains, qui ont la puissance, jouent avec l'idée de castrer leur partenaire et cherchent à la dominer, à l'humilier. Croire que cette tactique renforce le sentiment de puissance est une erreur : malheureusement, de nombreux couples fonctionnent selon ce schéma. On ne gagne rien à enfoncer l'autre, il faut que chacun puisse faire un pas en avant. Pour qu'un couple avance, il faut que chacun tienne debout seul et tende la main à l'autre.

La stratégie, outil de « l'enfant qui sommeille »

Quant aux couples qui ont le même l'âge, le même statut social, les mêmes revenus, leur sexualité n'est pas pour autant exempte d'enjeux. On revient à un schéma où dominent les aspects psychologiques. De nombreuses situations font que l'un des partenaires met en doute l'amour, ou l'engagement, alors que la vraie blessure est ailleurs. L'infidélité, réelle ou rêvée, est dramatique pour un grand nombre de personnes. C'est le cas d'une femme dont le mari, un jour, rechercha sur Internet une amie d'enfance. Cette patiente m'affirma, dans la même phrase, qu'elle était très amoureuse de son mari et qu'elle allait divorcer. S'il cherchait à revoir cette amie, c'est qu'elle ne l'intéressait plus, alors que son mari était simplement nostalgique de ses vingt ans, rien de plus. Une autre patiente s'était convaincue qu'on allait l'abandonner ; elle préférait donc abandonner avant de l'être ; ce comportement est sans rapport avec l'amour qu'on porte ou non à son conjoint. Pour une autre, le détonateur fut un coup de fil discret que passa un jour son mari. Or, lorsqu'elle était enfant, son père n'avait cessé de tromper sa mère et celle-ci le lui racontait. L'enfant demandait à sa mère pourquoi elle ne divorçait pas, mais la mère refusait de rompre, sans être capable d'en donner l'explication. Devenue adulte, la petite fille n'avait toujours pas digéré sa propre histoire.

Le rapport de pouvoirs – faire peur ou avoir peur – est un jeu dangereux où l'individu peut se blesser, car il est sans fin. La stratégie n'a d'intérêt que momentanément, pour récupérer l'autre ; mais en ne se maintenant que par des stratégies, on risque la chute. Il est préférable de trouver son équilibre autrement.

Des schémas identiques dans les couples homosexuels

Les pratiques des couples homosexuels différant de celles des couples hétérosexuels, on ne peut recourir aux mêmes modèles d'analyse. Il est nécessaire de savoir ce que ces couples apprécient. Par exemple, les femmes dans les couples hétérosexuels apprécient les caresses et peuvent manifester des manques. On peut retrouver ces mêmes manques dans les couples homosexuels. La difficulté qui reste le point commun à tous les individus, hommes ou femmes, hétérosexuels ou homosexuels, est de savoir si on a ou non du plaisir en dispensant ces caresses. Comme il n'y a rien de prédéterminé au départ, les homosexuels vont prendre chacun un rôle. Il arrive que l'un(e) gère toute la vie commune, ou dicte le rapport sexuel, à l'instar du couple hétérosexuel. Selon une enquête réalisée vers la fin des années 1980, les homosexuels hommes avaient fréquemment plus de cent partenaires au cours de leur vie et 2 % en avaient jusqu'à mille. Alors que du côté des femmes homosexuelles, aucune n'en avait plus de cent, chiffre supérieur à celui des statistiques concernant les hétérosexuelles. Il n'y a donc pas chez les homosexuelles ce rapport compulsif au sexe, comme il s'observe dans les *backrooms* de certains bars gays. D'une manière générale, le pouvoir fonctionne mieux quand l'un cède le pouvoir de l'organisation et qu'il apporte un « plus » au niveau de la séduction ou ailleurs.

Bien dans son genre, bien dans sa sexualité ?

La plupart du temps, ceux qui demandent à changer de sexe sont ceux qui ont su très tôt que la nature avait commis une erreur. Sans vouloir comparer, c'est un peu comme un homosexuel qui déclare avoir su très tôt qu'il était homosexuel. Des adolescents ou post-adolescents disent à tort « *ça n'a jamais marché avec une fille, donc je suis homosexuel* ». D'autres font leur *coming out* tardivement, quelquefois après avoir été mariés et avoir enfanté. Les transsexuels masculins et féminins disent qu'ils ne supportent pas le sexe dans lequel ils sont nés, ce qui engendre souvent une désaffection de la sexualité – liée aussi au fait que leur ressenti physique est différent –, et n'induit pas d'enjeu sur le couple lui-même. Cela ne les empêche pas de vouloir le grand amour, mais un amour plutôt sentimental.

Un cas récent va sûrement faire jurisprudence : un homme marié et père de trois enfants est devenu femme tout en restant marié à sa femme qui est homosexuelle. Ce que cet homme demande, maintenant qu'il a été accepté en tant que femme, est que leur couple soit reconnu. Ce couple présente une double particularité : l'épouse a toujours été homosexuelle, mais restait attirée par le père de ses enfants, qu'elle trouvait efféminé. Elle a eu le pouvoir de le faire changer de sexe.

D'autre cas de ce type existent. Un homme d'environ quarante-cinq ans, marié, ayant des enfants, un jour qu'il avait eu une panne sexuelle, a vu sa femme lui reprocher de ne pas être un homme. Il a ressenti une bouffée d'angoisse qui s'est transformée en bouffée délirante : il en a conclu que s'il n'était pas un homme, c'est qu'il était une femme. Il a changé de sexe, puis s'est aperçu qu'il avait fait une erreur et devait être « re-transformé ». Entre-temps, il avait réussi à vaincre l'angoisse qu'avait provoquée la réflexion de sa femme. Réflexion qui réveillait le souvenir de son père qui lui répétait : « *Tu n'es pas un homme.* » Redevenu homme, en pleine possession de ses moyens, il s'est parfaitement épanoui dans son nouveau couple.

Ce dernier cas, mais également tous ceux qui témoignent d'un équilibre trouvé ou retrouvé dans la sexualité du couple, convergent vers la même conclusion : si je suis bien avec moi-même, si je tiens bien debout, je peux avoir une véritable union avec l'autre, homme, femme ou « trans ». C'est en s'assumant entièrement, et en acceptant l'autre tel qu'il est, qu'on peut instaurer une sexualité qui soit zone de plaisir et d'épanouissement, et non zone de pouvoir.

CHAPITRE 4

Le secret des couples qui durent

SYLVAIN MIMOUN, AVEC LA COLLABORATION DE RICA ÉTIENNE

L'amour n'est pas un état passif, c'est plutôt un art de vivre et d'aimer, un cheminement complexe qui nécessite d'entretenir la flamme, de dépasser son narcissisme et de respecter l'autre. Alors que certaines personnes considèrent qu'il est logique que leur couple vive dans la routine parce qu'ils sont ensemble depuis deux ou trois ans, d'autres maintiennent la flamme même après vingt, trente, ou même plus de quarante ans de vie commune. Qu'est-ce qui les différencie ?

On pense à tort qu'il suffit d'être amoureux pour que le couple dure. En paraphrasant Boris Cyrulnik qui disait « *On tombe amoureux, mais quand on se relève on est attaché* », je dirais : « *On tombe amoureux, mais quand on se relève on s'attache.* » C'est une dynamique qu'il faut mettre en place, elle ne va pas de soi… La vraie solution, si l'on a envie que le couple dure, est que les deux partenaires cherchent à aller dans le sens de ce qui fait plaisir à l'autre, surtout si l'on découvre que cela lui paraît indispensable et que ce n'est pas du tout insupportable pour soi. L'illusion serait cependant de croire qu'il faut tout se dire et tout faire ensemble. Il est indispensable d'accepter la part de mystère de l'autre et son jardin secret. Il a droit à des pensées intimes et à une vie propre qui lui permettent de se ressourcer en dehors de soi. Chacun s'accepte avec ses désirs, ses priorités, mais aussi ses blocages et ses défenses.

Régler des comptes ou régler la situation ?

Quand il y a des difficultés dans un couple, soit on règle des comptes, soit on règle la situation. Même en cas de frictions dans l'air, il est important de mettre en valeur son compagnon ou sa compagne. Tout le monde y gagne : aider l'autre à briller en couple, en famille ou en société, c'est le rassurer, le rendre confiant, donc plus épanoui et moins agressif. Il est ainsi nécessaire de lui porter une certaine admiration ou, plus exactement, la reconnaissance de ce qu'il a de bon. On constate alors que l'amour se loge plus sûrement dans les petits gestes du quotidien que dans les grands moments d'exaltation. Cet exercice ne se borne pas à une délicieuse tranche d'autosatisfaction, il permet d'établir en quelque sorte l'inventaire positif de la relation. Si l'on ne fait pas l'effort de séduire toujours avec une attention réelle à l'autre, celui-ci finira peut-être par se tourner vers d'autres sourires. L'absence de sensations fortes ou le manque d'amour passager ne sont pas une catastrophe. L'impatience de notre époque finit par nous faire confondre les moments neutres d'une relation avec des conflits ou des ratages. Les couples ont par nature des hauts et des bas à accepter pour ce qu'ils sont, inéluctables et naturels.

Mieux encore, un couple n'est pas un vrai couple s'il n'a pas dépassé l'usure du quotidien et un certain nombre de crises, les baptêmes du feu en quelque sorte. C'est d'ailleurs bien ce qui distingue les couples des relations extraconjugales torrides ou passionnées : les amants ne profitent que des moments volés, ils ne considèrent que le côté jardin, le meilleur de l'autre. Mais à moins de l'avoir tenté, ils ne savent si l'entente et la complicité seraient au rendez-vous dans la vraie vie avec le quotidien, l'ennui, les tensions et les crises.

À l'opposé[1], le psychologue John Gottman, de l'université de Seattle aux États-Unis, a repéré quatre conduites particulièrement dommageables à la conjugalité. Il les a nommées « les quatre cavaliers de l'Apocalypse ». Ces attitudes peuvent conduire à la longue à la rupture : la critique (qui nie tout ce qu'il y a de bon chez l'autre ou qui a existé de positif dans la relation permanente), le repli sur soi (qui exclut l'autre de son intimité), le mépris (qui exclut et dévalorise l'autre, sans lui laisser la moindre

---

1. Sylvain Mimoun, Rica Étienne, *Sexe & sentiments après 40 ans*, éd. Albin Michel, 2011.

chance) et la mauvaise foi (qui exacerbe le sentiment d'injustice et de non-reconnaissance).

Quatre mariages et des renoncements

Certains pensent qu'au XXIe siècle, un seul amour pour la vie est devenu tout simplement incongru, étant donné l'allongement de l'espérance de vie, l'effondrement des tabous, la libéralisation sexuelle et la multiplication des possibilités de rencontre (réseaux sociaux, Internet, etc.)… Ne vont-ils pas oser réussir là où leurs parents ont failli ? Le sociologue Daniel Welzer-Lang auteur de *Utopies conjugales*[1], estime que le « *grand amour on y arrive, mais à travers plusieurs couples successifs* ». Pour Marie-France Hirigoyen, psychiatre, psychanalyste et auteur des *Nouvelles Solitudes*[2], de plus en plus souvent, la vie à deux se déroule en plusieurs séquences, comme la vie professionnelle : « *On constate un durcissement des relations dans le couple, reflet aussi du durcissement du monde du travail. Et le surinvestissement dans la relation amoureuse s'accompagne d'une pratique croissante du "couple en CDD".* »

D'autres estiment au contraire que rester en couple pour la vie n'est pas qu'une utopie ; ils y voient même la possibilité d'un accomplissement. Pour eux, le couple n'est

---

1. Payot, 2007.
2. La Découverte, 2007.

pas une entité consommable comme une autre, à durée de vie limitée avec date de péremption programmée. Ces couples ne manifestent ni une crédulité aveugle ni une foi à toute épreuve, pensant à chaque crise que « *ça n'arrive qu'aux autres; nous, on passera au travers* ». Ils pensent plutôt, après la pluie, le beau temps, après la crise, la réconciliation; ils estiment avoir en eux les ressources suffisantes pour affronter la vie conjugale avec ses bonheurs et ses malheurs. Ils ne nient pas les problèmes : ils les affrontent avec la volonté de les résoudre.

Les deux opinions se défendent et découlent en partie de l'apprentissage amoureux dans la petite enfance. Les parents ont-ils transmis l'espérance du « prince charmant » (ou de son équivalent féminin) et la possibilité d'un couple malgré les difficultés, ou bien au contraire, ont-ils laissé croire que l'amour était un combat perdu d'avance ?

Outre-Atlantique, la journaliste Pamela Paul[1] s'est intéressée au destin des couples au fil des années et a établi une classification qui a le mérite de synthétiser les deux bords. Le « *starter marriage* » est celui du début de la vie conjugale, où le couple vit dans une fusion passionnelle, avec l'illusion du double merveilleux et du compagnon idéal, conforme à l'image rêvée. Vient ensuite le « *parental marriage* », celui qui permet de devenir parent

---

1. Auteur du best-seller *The Starter Marriage and the Future of Matrimony*, Villard Books, 2002.

et d'élever les enfants. Plus tard encore, quand les enfants volent de leurs propres ailes et que le couple se réalise advient le « *self marriage* », et enfin à l'ultime étape, le « *soulmate connecting marriage* », celui de la connivence spirituelle et du partage égalitaire, où l'autre n'est ni le double fusionnel qui répond à ses attentes narcissiques, ni le partenaire incontournable et nécessaire de la procréation, ni le miroir de ses compétences, mais le compagnon (ou la compagne) idéal pour traverser les épreuves de la vie et avancer jusqu'à la fin, ensemble, main dans la main. Selon Pamela Paul, ces étapes progressives sont toutes nécessaires à l'accomplissement de soi. Au fil du temps, les couples pourront les accomplir ensemble s'ils ont réussi à dépasser les difficultés inhérentes à chaque étape. Ou ils pourront se perdre en route et vivre ces étapes avec un, ou plusieurs partenaires successifs.

Menace de gros temps sur le couple après la cinquantaine

Les couples les plus vulnérables sont ceux qui ont laissé s'installer tout au long de leur vie conjugale les non-dits et les problèmes, qui les ont balayés et remisés sous le lit pour ne plus les voir. Hélas, vingt ans après, à la faveur d'une grosse turbulence (maladie, chômage, retraite, etc.), le passif soigneusement escamoté ressurgit avec les frustrations mal vécues. Rien n'a été oublié. Tout aussi vulnérables sont les couples qui ont eu des enfants tôt et qui n'ont jamais pris le temps de s'occuper de leur intimité conjugale. Avec le départ des enfants, ils se retrouvent du jour au lendemain face à face sans avoir quelque chose à partager. Ils ne se sont pas touchés, n'ont jamais apprivoisé la part mystérieuse de l'autre. Alors, après ces décennies de vie commune, le ménage vole en éclats plutôt que d'avoir à vivre une guerre permanente et sans répit. Les couples les plus vulnérables sont également ceux qui baignent depuis trop longtemps dans le désamour, ou bien encore dans les troubles de l'amour (troubles de l'érection, baisse du désir, etc.). Alors, parfois, à l'occasion d'une rencontre, l'un ou l'autre choisira de vivre en solo une aventure pour exister affectivement, sexuellement et émotionnellement.

Pour remédier à ces difficultés, on devine bien qu'hormones et comprimés bleus ne valent pas mieux qu'un cautère sur une jambe de bois. C'est sa vie entière qu'il faut repenser, organiser du temps pour soi et des plaisirs à partager à deux. Attention, il faut se donner des buts atteignables et se poser la question de ce qui ferait vraiment plaisir à l'autre pour réinstaurer la complicité perdue.

Bouleversement des équilibres

On rêvait (peut-être) de se retrouver enfin en couple à profiter des années à venir et voilà que l'époque en a décidé autrement. Les « Tanguy » s'incrustent chez leurs parents à cause des études qui s'allongent ou des difficultés à trouver un travail; dans les familles recomposées, les enfants plus jeunes ont besoin qu'on s'occupe d'eux; ses propres parents parfois dépendants et malades s'y mettent aussi, et du fait de l'allongement de la durée de vie, on se retrouve avec des responsabilités à leur égard également. Comme le souligne le psychologue et chercheur Christian Heslon[1] : « *Il n'est pas rare qu'à l'âge où l'on aspire à être libéré des contraintes familiales, on ait encore à la fois à assumer son rôle parental tout en devenant en quelque sorte parent de ses propres parents… La reconquête de la liberté qui est celles des seniors est alors contrariée par cette prolongation des rôles parentaux et filiaux, qui conduit à n'en jamais finir d'être parent ni d'être enfant sa vie durant.* » Si ces symptômes des temps persistent, peut-être serons-nous demain tous parents d'enfants de sept à soixante-dix-sept ans!

---

1. *Petite psychologie de l'anniversaire*, Dunod, 2007.

CHAPITRE 5

La transmission intergénérationnelle, clé de la réussite ?

EMMANUELLE GAGLIARDI ET ANNE PERROT

S'interroger sur la transmission dans le domaine de la réussite professionnelle, c'est identifier les raisons que les acteurs eux-mêmes attribuent à leur parcours ; c'est aussi essayer d'en repérer, au-delà des témoignages personnels, les régularités statistiques, tâche complexe dans un domaine où le subjectif compte certainement autant que le quantitatif. Éclairage non scientifique de deux aspects de ce qui fonde, dans l'héritage reçu des générations antérieures, la réussite des filles.

À qui, à quoi celles qui ont « réussi » leur vie professionnelle attribuent-elles ce succès ? Les mères, par le potentiel d'identification qu'elles détiennent aux yeux des filles, sont-elles perçues comme les artisans principaux de la réussite ? Les pères, par le poids des injonctions ou de la confiance, sont-ils de meilleurs moteurs pour l'ambition et le succès ? Qu'est-ce qui freine et fait renoncer ? Qui donne des ailes ? L'enseignement des analystes transgénérationnels nous l'apprend : nous portons tous l'histoire de la famille dans laquelle nous naissons. En particulier, dans la sphère professionnelle, selon Juliette Allais[1], nous répétons l'histoire à travers le choix de notre métier, non pas par envie mais par fidélité. Ainsi, lorsqu'une femme prend son pouvoir, ou sa place au travail, elle est toujours en prise avec la manière dont ses parents l'ont fait avant elle. On comprend alors pourquoi la question de la réussite au féminin dépend de la manière dont les femmes ont vu celles de leur famille s'insérer professionnellement ou pas, et surtout se positionner par rapport aux hommes.

Le père est un moteur de réussite pour la fille

Nombreuses sont les études qui soulignent l'éminent rôle des pères dans l'avenir et la carrière des filles. Il fut fondamental pour celles du *baby-boom* qui ont poursuivi leurs ambitions avec succès. Selon Françoise Hurstel[2], « *ce*

---

1. Juliette Allais est directrice de l'IFRAT (Institut de formation et de recherche en analyse transgénérationnelle), consultante, enseignante, analyste de rêves et auteur. Initiée à l'analyse transgénérationnelle, elle continue son parcours par une formation à la psychothérapie et psychanalyse intégratives et à la psychologie des profondeurs.
2. Françoise Hurstel est psychanalyste, professeur émérite de psychologie à l'université de Strasbourg et auteur de *La Déchirure paternelle* (PUF, 1986).

qui a été déterminant, c'est que les hommes disent à leurs filles : toi aussi, tu as le droit de faire des études. Toi aussi, tu as le devoir de devenir quelqu'un et pas seulement de faire des enfants ».* Comme le souligne la psychanalyste, à partir du moment où un père ne confine pas sa fille au ménage et à la maternité, c'est un moteur formidable. Il y a alors ce qu'on appelle en psychanalyse une identification. Le père transmet des choses, des livres par exemple, et tous les instruments mentaux dont les garçons ont bénéficié.

L'historienne Françoise Barret-Ducrocq[1] relève de son côté une influence paternelle plus ancienne encore. « *Au lendemain de la première guerre mondiale, beaucoup de jeunes femmes ont dû trouver seules leurs revenus, car nombre d'entre elles avaient perdu un fiancé. Il n'était pas rare que des pères les encouragent à obtenir un diplôme et à avoir un emploi, même s'il s'agissait seulement d'être dactylo et que cela ne durerait que jusqu'à ce qu'elles se marient. Pour la première fois, elles avaient un peu d'indépendance.* »

Le père est celui qui incarne la position de pouvoir

Le rôle du père dans l'histoire des femmes de pouvoir est significatif, car c'est lui, en général, qui incarne

---

1. Françoise Barret-Ducrocq est professeur d'histoire à l'université Paris VII et membre du comité de direction de l'Institut Émilie du Châtelet.

la réussite professionnelle et est à même de transmettre la position de pouvoir. Le père donne la place dans la société, puisqu'il transmet le nom. Charge à la femme de prendre ce côté structurant qui lui est transmis, tout en trouvant sa propre manière de faire. Pour Juliette Allais, au-delà du père, ce sont même tous les modèles masculins de la famille qui sont inspirants, et ce sur plusieurs générations. Le grand-père maternel, c'est-à-dire l'homme qui a compté pour la mère, a donc également un rôle important. Les femmes ont constamment en référence ces deux images pour développer leur masculin. Pour les féministes, cela n'est pas étonnant ! Tout le monde souhaite ressembler au modèle dominant, et non au dominé. Il est donc logique que les modèles paternels soient toujours plus brillants que ceux des mères et que les messages qu'ils transmettent (explicites ou implicites) soient également mieux perçus. Les pères, lorsqu'ils nourrissent des ambitions de pouvoir pour leurs filles, se montrent également plus compétitifs que les mères. Ils voient plus haut, plus grand. Sans doute est-ce une manière de prolonger leur propre réussite, et sous une action apparemment bienveillante, on peut y retrouver un brin de narcissisme.

Pour Marie Duru-Bellat[1], les pères sont ceux qui veillent à la conformité des sexes. Ils ne veulent surtout pas que leurs fils déchoient d'une certaine manière, en assimilant des comportements de filles. Alors qu'ils peuvent au

---

1. Marie Duru-Bellat est sociologue, professeur de sociologie à Sciences Po.

contraire accepter que leurs filles soient élevées comme des garçons, ils les poussent vers la compétitivité, surtout dans les familles où il n'y a pas de fils, la fille devenant le garçon par substitution. En réaction, la réussite des filles est extrêmement conditionnée par l'assentiment paternel. C'est lui qui donne le sceau, déclenche l'envie de se dépasser. La fille suit le modèle du père. En regard, l'avis de leur mère semble compter si peu. Voici l'édifiant témoignage[1] à ce sujet confié par Anne Lauvergeon, qui a notamment dirigé Areva de 1999 à 2011 :

« *Un jour, j'étais en première, [mon père] a regardé mon carnet de notes et a dit : "Eh bien, tu n'es vraiment pas une scientifique !" J'ai été horriblement vexée. Alors, j'ai eu envie de lui montrer…*
– Votre mère était-elle aussi exigeante ?
– Ah non, pas du tout ! C'était une femme extraordinairement sensible, pleine d'affection, de bonté. Les résultats n'étaient pas la priorité pour elle : ce qu'elle voulait, c'était des enfants équilibrés, ouverts aux autres et au monde. »

Celui de la féministe Claudine Monteil[2] est de la même veine : « *Le père de ma mère a été compétitif avec elle. Il l'a emmenée devant les grilles de l'École normale supérieure en lui disant que peut être un jour elle y serait, et elle a fini directrice de l'ENS. Elle a dépassé ses attentes.* »

---
1. Hervé Gatego, Anne-Cécile Sarfati, *Femmes au pouvoir – Récits et confidences*, éd. Stock, 2007.
2. Claudine Monteil est une féministe et historienne française.

Avec en toile de fond, l'idée dominante, archaïque, qui suppose que l'homme est naturellement fait pour prendre du pouvoir, et que la femme, pour assumer ce pouvoir, doit faire quelque chose qui lui est étranger. Autrement dit, les filles en seraient réduites à singer le père, ou s'identifier à un « rôle modèle » féminin phallique. Dans tous les cas, elles devraient se travestir pour réussir. Or pour Vincent Cespedes[1], une femme qui calque le pouvoir des hommes a « *son onde de charme qui meurt. C'est tout le problème de la cooptation dans les lieux de pouvoir. On accepte les femmes dont on a bien vérifié au préalable qu'elles avaient adopté des comportements d'hommes. Pour moi, ce sont des femmes traîtresses pour les autres femmes* ». Au-delà du rapport des femmes de pouvoir avec leurs congénères, c'est celui du rapport à soi qui nous préoccupe. En particulier, comment une femme peut-elle trouver son aspiration au pouvoir dans son féminin ? Si l'on suit Juliette Allais, la femme est tenue de se « désidentifier » du père pour trouver une autre façon d'exercer le pouvoir. « *Elle peut trouver son pouvoir en étant dans une réflexion juste avec la douceur du féminin (ce qui ne signifie pas molle ou soumise). Et une femme qui prend son pouvoir en tant que femme reconnaîtra aussi l'homme en tant qu'homme.* » En creux se dessine donc le rôle de la mère.

Dans son discours conscient, la mère souhaite le succès et l'indépendance pour sa fille. Dans son inconscient,

---

1. Vincent Cespedes est un philosophe français.

la mère peut aussi avoir du mal à admettre que sa fille réussisse là où elle-même a échoué. Pour Juliette Allais, « *il est aussi important pour la mère que sa fille soit en sécurité, donc qu'elle ne mise pas tout sur le travail et qu'elle pense aussi à se marier. La société également renvoie ce discours conforme : se marier et avoir des enfants* ». Très peu de femmes, au final, assument de ne pas faire ce choix. « *L'autre image que renvoie la société des femmes qui réussissent est qu'elles mènent leur carrière au détriment de la maternité. Au bout du compte, la mère transmet toutes ces ambivalences à sa fille. C'est ce qui freine. D'un autre côté, il appartient aux filles d'assumer leur réussite et de ne pas penser qu'il leur est impossible de faire mieux que maman.* »

La mère transmet le sens de la famille

La mère, dans la continuité du modèle qu'on lui a transmis, insiste pour sa fille sur l'importance du mariage et des enfants. On retrouve ce schéma dans la lignée de l'une des pionnières de la cosmétique moderne, Helena Rubinstein : « *De sa mère qui estimait que le premier devoir d'une femme était de faire attention à son apparence et qui s'était efforcée d'inculquer ces principes à sa fille, Helena a reçu pour son voyage non pas une dot, mais douze petits pots de crème de beauté.* »[1] Plus proche de nous,

---

1. Lanfranconi, C. Meiners, A., *Femmes d'affaires mythiques*, Dunod, 2010, p. 152.

Claudine Monteil insiste : « *La société transmet l'image que vous n'êtes une vraie femme que si vous êtes mariée et que vous avez des enfants, parce que cela veut dire qu'un homme vous a reconnu comme valable.* » Pour la féministe, les mères provoquent parfois volontairement des inhibitions. Lorsqu'elles ne donnent pas le sens de la compétition à leurs filles, c'est une manière inconsciente de se venger de ne pas avoir eu elles-mêmes de carrière. Cela les renvoie à ce qu'elles n'ont pas été en mesure de faire.

La mère peut se poser également comme antimodèle

Les témoignages foisonnent de femmes de pouvoir qui ont puisé leur rage de réussir en s'opposant au modèle maternel. Mercedes Erra, présidente exécutive d'Euro RSCG Worldwide, cite l'exemple de sa mère, « *desperate housewife* » avant l'heure, qui exerça sur elle un effet repoussoir non négligeable : « *Une vie menée dans une dépendance subie, à attendre mon père alors que je sentais chez elle un besoin impérieux de s'épanouir à l'extérieur du foyer (...) Mon père rentrait du boulot en soupirant de fatigue ; à mes yeux, il s'amusait ! C'est ma mère qui véritablement trimait, cantonnée à des choses très pratiques, répétitives, et si peu valorisées...* » Heureusement, on retrouve quelques cas de mères formidables moteurs pour leur fille. Tel fut le cas pour Simone Veil : « *Tête dure, tout au long de son enfance, elle s'oppose gentiment à son père et prend le parti de sa mère chérie à laquelle elle voue un véritable culte.* »[1] Ou encore pour Irène Joliot-Curie qui emboîte les pas de sa mère Marie, tout comme Nathalie Rykiel, qui a fait sa place en dépassant sa relation forte, passionnée, inspirante avec sa mère Sonia.

La liberté comme moteur !

On retrouve comme point commun aux femmes de pouvoir une volonté de liberté et d'émancipation, qui se transmet parfaitement, de génération en génération et qui est sans doute encore plus prégnante chez les plus jeunes, chez qui elle se nourrit du refus de toute frustration. Pour Agnès Touraine, ancienne P-DG de Vivendi Universal Publishing, il n'y a pas de compromis : « *Pour rien au monde, [elle] n'échangerait la seule place qui convient à son existence, celle de conductrice. Tenir le volant, c'est le moyen de rester libre. Conduire plutôt que d'être conduit.* »[2] L'ancienne secrétaire générale de la CFDT Nicole Notat enfonce le clou et c'est encore une fois, le modèle paternel qui illustre l'existence libre. « *Je revois bien mon père me dire : "Ne te marie pas trop vite, réfléchis, fais attention." Dans son esprit, cela voulait dire qu'il fallait profiter de la liberté, ne pas se laisser entraver, ne pas s'enfermer dans un carcan.* »[3] La boucle est bouclée.

---

1. et 3. Fitoussi, M., *Femmes au pouvoir, femmes de pouvoir*, Hugo et Compagnie, 2007, pp. 123-124, 28.
2. *Ibid.*, p. 40, p. 48.

« Mes parents m'ont transmis la valeur même de la transmission »

Nathalie Roos, présidente Europe du groupe Mars, mère de trois enfants, est elle aussi issue d'une fratrie de trois enfants. Elle revient sur son parcours, et analyse en tant que fille, femme, et mère, les attentes et aspirations comparées de trois générations.

■ *Quel est votre parcours ?*

Je suis d'origine alsacienne. Après avoir passé mon bac, j'ai fait une année de « prépa » commerce, puis j'ai intégré Sup de Co à Reims. J'ai commencé à vendre du café Maxwell pour les supermarchés. Je suis devenue par la suite chef de vente à Lyon. J'ai rencontré mon futur mari à Strasbourg. Je suis entrée chez Mars en 1989. Puis de 2000 à 2004, j'ai été directrice commerciale chez Kronenbourg. Mars m'a alors rappelée. Depuis 2009, je suis présidente des marchés Europe. Chez moi, la notion de transmission est très forte à tout point de vue : d'abord parce que je suis Juive issue d'une famille d'immigrés. Mon grand-père est venu de Turquie dans les années 1920. Il a exercé le métier de représentant pendant soixante ans. Il est arrivé sans argent, mais s'est toujours beaucoup investi dans son travail. Mes grands-parents ont eu trois enfants, dont ma mère. Ils ont tous extrêmement bien réussi leurs études. Ma mère a fait HEC jeunes filles. Elle s'est mariée tardivement pour sa génération, à vingt-sept ans. Mes parents ont eu trois filles. Pour ma mère, se marier et avoir des enfants était aussi important qu'acquérir une situation professionnelle et son autonomie.

■ *Vos sœurs ont-elles choisi la même voie que vous ?*
L'une d'elles a fait une maîtrise de sciences économiques et a travaillé une bonne dizaine d'années avec mon père. Ma petite sœur est devenue avocate.

■ *Enfant, quelle était votre ambition ?*
Mon ambition n'était pas de faire carrière. Faire des études oui, la question ne se posait même pas. Par ailleurs, mon père était chef d'entreprise. Je l'ai toujours vu à son bureau, parler avec des clients. J'ai donc eu le goût d'entreprendre assez rapidement. Mes parents ont été contents que j'intègre une « prépa » commerce. Ma mère qui avait fait HEC était vraiment fière. Je n'avais, en fait, aucune idée de ce qu'était une école de commerce. Mon goût pour la vente m'est venu lorsque j'étais à Reims. J'ai été élue présidente du bureau des élèves. Pendant un an, je n'ai fait que du commerce : j'ai réussi à obtenir un voyage gratuit pour la promo, et ma plus belle réussite cette année-là fut de négocier la venue des Coco Girls pour une soirée de l'école. Ça m'a vraiment donné le goût de convaincre. Comme mon père et mon grand-père ont toujours été dans la vente, j'ai grandi avec une image positive de ce métier, alors qu'à mon époque, c'était plutôt le marketing et la finance qui primaient.

■ *Que vous ont transmis vos parents ?*
La valeur même de la transmission : le fait d'avoir des enfants et de leur transmettre un héritage. Ils m'ont aussi élevée dans l'idée de laisser une trace sur Terre et

de contribuer à rendre le monde meilleur. Mon père est engagé dans une association qui vient en aide aux enfants en difficulté sociale et économique, entre Strasbourg et Israël. Depuis quelques années, je suis moi-même impliquée dans cette association. Mes parents m'ont transmis cette valeur de l'engagement.

■ *Qu'attendait de vous votre père ? Et votre mère ?*
Je ne vois pas vraiment de différence entre les attentes de l'un et de l'autre. Et heureusement : je pense que c'est plus facile pour un enfant lorsque les deux parents sont sur la même longueur d'ondes. Cependant, mon père était encore plus compétitif que ma mère. Pour elle, le plus important était d'avoir un diplôme avant de se marier. Ma mère s'est arrêtée de travailler une fois qu'elle nous a eues : ça a été une énorme frustration, que j'ai toujours bien perçue. Je n'ai donc jamais envisagé de m'arrêter de travailler lorsque j'ai moi-même eu des enfants. La première fois que j'ai été enceinte, ma mère m'a demandé comment j'allais m'en sortir si je n'arrêtais pas de travailler. Et pour le deuxième enfant, qui est proche en âge du premier, elle a cru que je ne pourrais pas concilier les deux. Sa réaction ? Étonnement et inquiétude. À son époque, il était rare d'aller aussi loin qu'elle dans les études. Il était plus important pour ma mère d'avoir un diplôme que d'exercer un métier. Il y a un progrès entre la génération de ma mère et la mienne : nous savons qu'il est possible de concilier vie professionnelle et vie personnelle. Ma fille, elle, ne comprend même pas que l'on puisse se poser la question.

■ *En tant que femme, quelles ont été les plus grandes difficultés auxquelles vous avez été confrontée dans votre carrière ?*

Je n'ai pas eu de grosses difficultés, c'était très clair dans ma tête : ma priorité a toujours été mes enfants. En 2000, je n'ai pas hésité à quitter Mars afin de ne pas déménager, de ne pas déraciner mes enfants et éviter de voyager tout le temps. Je n'ai jamais culpabilisé non plus, et j'ai toujours fait en sorte d'avoir une organisation infaillible. J'ai, par exemple, gardé la même nounou pendant vingt et un ans et surtout je ne me suis jamais inquiétée pour mes enfants lorsque j'étais au travail, même quand je rentrais tard. Mon mari a toujours été un vrai soutien, et nos parents nous ont aussi beaucoup aidés.

■ *Vous-même, que souhaitez-vous transmettre à vos enfants ?*

J'ai trois enfants. Ce que je leur transmets est globalement similaire à ce que j'ai reçu. Ce qui diffère surtout, c'est la religion : mes parents n'étaient pas du tout religieux, alors que mon mari l'est davantage. Nous célébrons les fêtes juives et notre environnement communautaire est plus fort. J'essaie aussi de donner à mes enfants confiance en eux. La génération de mes parents encourageait fortement la compétition, en ayant tendance à souligner ce qui n'allait pas plutôt qu'encourager ce qui allait bien. J'apporte plus de technique de management moderne dans mon éducation ! Une des valeurs que j'ai reçues et que je transmets de façon plus implicite et plus souple dans la forme, c'est le niveau d'exigence.

■ *Comment vos enfants jugent-ils votre réussite ?*
Je n'ai pas la grosse tête, donc pour eux mon poste n'a rien d'exceptionnel : ils sont fiers, mais ça ne les impressionne pas et ne leur fait pas peur. Il y a une différence entre la génération de ma mère, où il était important d'avoir un diplôme, et la mienne où il est très important de se réaliser professionnellement.

■ *On dit que les jeunes sont moins motivés par le travail… Qu'en pensez-vous ?*
Nos enfants ont une conception de la vie beaucoup plus « cool » que la nôtre. Ces jeunes vivent avec leur temps. Ils ont un plus grand sens de l'équilibre professionnel. Leurs motivations sont également différentes de celles des générations précédentes : l'argent ne les intéresse pas trop. Ce qui est important, c'est ce que l'on fait et comment on se réalise, plus que le statut en lui-même. Mais quand ils ont vraiment envie de quelque chose, ils sont capables de tout mettre en œuvre pour réussir.

■ *Quel est pour vous le moteur commun aux hommes et aux femmes dirigeants ? Est-il différent suivant le genre ?*
Les senior managers de chez Mars ont eu l'occasion de plancher sur cette question, lors d'un séminaire destiné à réfléchir à nos possibilités dans la vie. Il n'y a pas de règle selon moi entre les hommes et les femmes dans ce domaine. Nous étions un groupe mixte et multinational d'une vingtaine de personnes, aucun n'avait la même réponse. Je me souviens d'un patron d'Amérique latine dont le moteur était l'éducation ; il souhaitait pouvoir

donner un niveau d'éducation aux populations défavorisées en créant une association. Pour d'autres, l'important était de développer le potentiel des gens. En ce qui me concerne, mon moteur est de rendre le monde meilleur, d'où mon engagement politique[1], professionnel et associatif. Je passe mon temps à essayer de mettre les gens en relation.

---

1. Conseillère régionale en Alsace.

« Mes parents m'ont transmis l'authenticité »

Claire Gibault, chef d'orchestre et député européen de 2004 à 2009, a été membre de la Commission du droit des femmes et de l'égalité des genres. Défendant un féminisme qui vise à donner aux femmes les mêmes chances de réussite qu'aux hommes, son témoignage sur son propre parcours illustre cette potentialité de réussite.

■ *Enfant, quelle était votre ambition ?*
À partir de treize ans, j'ai voulu être chef d'orchestre. Vers dix ans, je souhaitais être violoniste concertiste, et avant, je voulais être princesse ou hôtesse ! J'ai fait tôt de la musique. Ma mère appartenait à une génération d'après-guerre où les femmes restaient seules au foyer, c'étaient véritablement des « maîtresses-femmes ». Elle a dirigé seule la ferme familiale et a été assistante sociale, parcourant seule les bidonvilles.

■ *Vos frères et sœurs ont-ils choisi la même voie que la vôtre ?*
J'ai un frère et deux sœurs. La musique fait partie intégrante de la sphère de la famille puisque mon père était au conservatoire du Mans. Une de mes sœurs a fait de la musique en tant que violoncelliste professionnelle, et une autre a été professeur de piano. Mon frère également a pratiqué la musique.

■ *Que vous ont transmis vos parents ?*
L'authenticité, l'honnêteté et l'ardeur au travail.

■ *Y avait-il une différence entre ce que votre père attendait de vous et ce que votre mère attendait de vous ?*
Mes parents étaient issus d'un milieu social très simple. Maman était mère au foyer, avec les frustrations que cela peut engendrer. Là où mon père avait un besoin de revanche sociale, ma mère avait besoin d'une revanche de femme au foyer. Ils ont donc été tous deux très fiers de moi et de mon parcours, ils m'ont beaucoup encouragée.

■ *Vous-même, que souhaitez-vous transmettre à vos enfants ?*
Ne pas renoncer à leurs désirs et avoir le goût de l'aventure. Ma propre mère m'a dit qu'elle avait rêvé d'être chef d'orchestre. Ma fille est très fière de mon parcours, mais elle voudrait privilégier sa vie de famille, peut-être parce qu'elle n'en a pas vraiment eu avec moi. Je pense que cette génération privilégie l'épanouissement dans la vie personnelle, ainsi que les biens matériels. Dans ma génération, nous n'avions pas ce problème, parce que nous avions du travail.

■ *On dit que les jeunes sont moins motivés par le travail, qu'en pensez-vous ?*
Mon fils par exemple est très intéressé par son parcours professionnel, il se bat beaucoup. Mes deux enfants en général ne veulent pas s'ennuyer dans leur travail. Mon fils rêve aussi de partir à l'étranger, il a le goût du voyage.

Ce goût de la mobilité est sûrement quelque chose que je lui ai transmis.

■ *Quel est pour vous le moteur commun aux hommes/femmes dirigeants ? Est-il différent suivant le genre ?*
La reconnaissance sociale est très forte chez les femmes. Moi la première, j'en avais besoin. Le goût du bonheur personnel est aussi plus développé. Chez les hommes, la vie privée passe au second plan, du moment que c'est à peu près bien géré, cela peut suffire, alors que les femmes veillent à concilier leur vie affective avec leur vie professionnelle.

■ *En tant que femme, quelles ont été les plus grandes difficultés auxquelles vous avez été confrontée dans votre carrière ?*
Il y en a eu, bien sûr. Je me souviens d'une fois à l'opéra de Vienne, j'étais l'assistante de Claudio Abbado et l'orchestre avait refusé d'être dirigé par une femme. À Radio France une autre fois, un projet a été annulé par le Châtelet pour les mêmes raisons.

■ *La liberté est-elle l'un de vos moteurs ?*
J'adore ma liberté, mon autonomie, penser par moi-même, gagner ma vie, décider des changements. Jeune, j'ai eu très peur de la solitude, de ce que ça impliquait, mais maintenant je ne ressens pas ça. J'ai tellement de choses à partager !

CHAPITRE 6

Les stéréotypes, héritage ou éducation ?

EMMANUELLE GAGLIARDI ET ANNE PERROT

La perpétuation – ou non – des stéréotypes est au cœur des problématiques de l'évolution de l'individu et de la société tout entière. On ressent spontanément qu'ils naissent au cœur de la famille. Pourtant, ils se transmettent également dans les autres lieux de socialisation que fréquente l'enfant dès son plus jeune âge, à commencer par l'école. Une prise de conscience de ces mécanismes serait un préalable à leur abolition.

S'il est un lieu où les stéréotypes hommes-femmes se construisent, c'est bien celui de l'école. Dans l'indifférence générale finalement, car comme le rappelle la sociologue Marie Duru-Bellat, en France, l'acquisition pure de connaissances paraît plus importante que la question des inégalités sociales. Et de ce point de vue, les filles réussissent bien. On a donc l'impression que l'école a fait son job ! Par ailleurs, ce que les enseignants font de manière inconsciente, comme moins pousser les filles à se mettre en avant, est aussi reproduit par les élèves entre eux à l'intérieur de la classe. L'école est un lieu où il faut se montrer masculin ou féminin et où le mécanisme de domination du premier sur le second se met en place insidieusement.

De l'école à la société, des questions mal assumées

Pour pouvoir dénoncer cette domination, il faudrait qu'elle soit clairement mis à jour. Or la difficulté vient du fait que la question de l'égalité homme/femme, comme tous les mécanismes de domination, n'est ni assumée ni détectée. Comme le souligne Caroline de Haas, ex-présidente d'Osez le Féminisme, « *globalement, on sait que les professeurs interrogent plus les garçons en maths et les filles en français. Les jeunes femmes sont imprégnées de ce mécanisme de domination. C'est la même chose que pour le racisme. Les Noirs interviennent moins que les Blancs dans une assemblée où ils sont minoritaires. Ce n'est pas un sujet facile, parce qu'il faut apprendre à tout le monde à se remettre en cause, reconnaître qu'il y a un problème dans la société, que nous-mêmes ne sommes pas exempts de cela, et il faut avoir envie de travailler dessus. C'est pour cela que cela demande un engagement politique fort* ». Caroline de Haas prône ainsi la nécessité de campagnes d'information. Même son de cloche chez la femme politique et militante féministe Clémentine Autain, qui suggère de former les enseignants à la gestion de la mixité, à la lutte contre les stéréotypes, pour les expliquer et les chasser : « *Je pense que l'école a pour mission d'élever les citoyens, et donc de promouvoir l'égalité homme/femme comme valeur.* »

Reste que l'école ne peut pas tout et les questions de mixité sont très cadrées par l'ensemble du monde social. Au foyer, comment les parents s'investissent-ils dans la réussite scolaire de leurs filles ? Bien entendu, la réussite scolaire n'est qu'un facteur parmi d'autres de la réussite professionnelle et nous ne prétendons pas réduire aux résultats scolaires ou au niveau de diplôme le sentiment d'accomplissement qui peut résulter d'une vie professionnelle réussie. Cependant, et notamment lorsqu'on tente d'évaluer la part parentale dans la réussite des enfants, le domaine scolaire est un bon angle d'observation : parce que c'est pendant la jeunesse que parents et enfants cohabitent, c'est durant cette période qu'il est le plus facile de quantifier les différentes dimensions de l'investissement des parents dans la réussite des enfants.

Quel héritage les filles reçoivent-elles de leur milieu familial dans les domaines de la réussite scolaire, souvent précurseur de la réussite professionnelle ? Comment les parents, pères et mères, s'investissent-ils (et de façon peut être différenciée) dans les études de leurs filles et de leurs fils ? Les comportements intergénérationnels permettent-ils de comprendre certaines caractéristiques des parcours des filles et des femmes qu'elles deviennent : une réussite scolaire souvent supérieure à celle des hommes, suivie de carrières professionnelles à moindres responsabilités et rémunérations ?

L'emploi du temps parental passé au crible

Ces questions se posent de multiples manières, et nous ne pouvons prétendre ici apporter des réponses à chacune d'entre elles. Une première interrogation a trait à la façon dont les filles construisent leur rapport à la réussite : celui-ci pourrait-il trouver sa source dans des comportements paternels ou maternels spécifiques ? L'éducation des filles, on le sait, et les travaux cités ci-après le confirment, se distingue assez nettement de celle que reçoivent les garçons. D'une part, pères et mères ne sont pas présents de la même façon auprès de leurs enfants, filles et garçons confondus, certaines tâches étant plus volontiers accomplies par l'un ou l'autre des parents. D'autre part, pères et mères confondus adoptent à l'égard de leurs enfants des comportements différents selon qu'il s'agit de fils ou de filles. Il apparaît en filigrane que les relations entre parents et enfants sont sexuées tant en ce qui concerne les ascendants que les descendants. Sur le strict plan qui nous retient ici, les filles n'entretiennent pas avec leurs deux parents des relations identiques en durée et en contenu dans le domaine du travail scolaire. Peut-être, dès lors, la construction des individus se nourrit-elle de ces différences, dans le domaine de la réussite scolaire puis professionnelle, comme dans d'autres aspects de la vie.

Nombreuses sont les études statistiques tentant de mesurer l'implication différenciée des hommes et des femmes dans la vie domestique et familiale.

– L'enquête « Emploi du temps », menée environ tous les dix ans par l'INSEE depuis 1966, mesure par tranches de dix minutes les activités journalières des membres des ménages : le partage du temps consacré au travail, aux loisirs et aux activités domestiques y est bien sûr abondamment documenté, mais cette enquête permet aussi de distinguer beaucoup plus finement, au sein des tâches domestiques, celles qui sont le plus fréquemment accomplies par les hommes et les femmes, et, pour ce qui nous intéresse ici, par les pères et les mères auprès de leurs enfants. Le temps consacré par les uns et les autres, par exemple, à l'habillage ou aux devoirs, est susceptible d'être ainsi précisément mesuré.
– L'enquête Erfi-GGSI permet quant à elle d'évaluer les perceptions différenciées que les pères et les mères ont de leur propre présence auprès de leurs enfants, puisqu'on leur demande d'estimer non seulement la part qu'eux-mêmes prennent aux différentes tâches, mais encore celle tenue par l'autre membre du couple et la perception d'égalité ou d'inégalité entre eux. Cette enquête a été exploitée par plusieurs articles.
– L'enquête « Éducation et Famille », menée par l'INSEE en 2003, est centrée sur les pratiques éducatives et les relations avec l'école.

Toutes ces enquêtes ont été exploitées par des travaux se situant aux confins de la sociologie et de l'économie, qui cherchent à décrire et expliquer différentes questions sociales comme l'évolution des modèles familiaux ou les parcours de la réussite scolaire. Il ressort de ces études, sans surprise, que les mères assument non seulement la plus grande part des tâches domestiques, mais plus spécifiquement la supervision des devoirs des enfants (comme d'ailleurs pour toutes les tâches « contraintes » : habillage, devoirs, transports, etc.). Toutefois, cette surveillance du travail scolaire est l'une des activités domestiques (avec les loisirs) pour lesquelles les pères se décrivent le plus volontiers comme « acteur principal » au sein du couple. L'intensité de la participation paternelle est nuancée suivant le contexte familial. Certains facteurs explicatifs sont très intuitifs : par exemple, un certain partage des tâches d'accompagnement aux devoirs découle des niveaux de diplôme des pères et des mères. Les pères, assez naturellement, aident plus leurs enfants lorsqu'ils sont plus diplômés que leurs compagnes. Par ailleurs, l'augmentation du nombre d'enfants entraîne un certain retrait des pères : c'est auprès de leurs enfants uniques que ceux-ci sont les plus présents, quelle que soit l'activité (devoirs, loisirs, etc.). L'âge du père (avoir moins de trente-cinq ans favorise son implication) explique aussi beaucoup de différences, ainsi que sa disponibilité (un père qui travaille plus est moins présent auprès de ses enfants). Rien de ceci ne surprend réellement.

Cependant la différenciation est aussi sexuée. Ainsi, la tâche la plus féminisée (l'habillage) est-elle plus souvent accomplie par les pères auprès de leurs fils que de leurs filles. Dans le cas d'un enfant unique, le père est moins investi s'il s'agit d'une fille que d'un fils. En ce qui concerne les devoirs, les mères s'investissent différemment des pères auprès de leur enfant en difficulté. Tandis que les pères sont plus présents auprès de leurs fils que de leurs filles en difficulté scolaire, les mères répartissent plus également leurs efforts entre les deux sexes[1].

À parents diplômés, enfants épanouis ?

Ces différences d'investissement en temps sont-elles explicatives des facteurs de succès ou d'échec scolaire ? Dominique Place et Bruno Vincent[2] distinguent tout d'abord compétence (mesurée par la performance à des tests d'aptitudes dans différents domaines) et niveau scolaire (mesuré par le niveau de diplôme) : il existe bien sûr une forte corrélation entre les deux, mais au sein de chaque catégorie de diplôme, le degré de compétence varie, et réciproquement pour un même niveau de compétence, on trouve des individus ayant des niveaux scolaires assez différents. Les deux facteurs sont donc liés, mais distincts.

---

1. Brugeilles, C., Sébille, P., « Participation des pères et des mères aux soins et à l'éducation des enfants : l'influence des rapports sociaux de sexe entre les parents et entre les générations » document de travail du Cerpos - Université Paris X-Nanterre, 2008.
2. « L'influence des caractéristiques sociodémographiques sur les diplômes et les compétences », *Économie et Statistique*, n° 424-425, 2009, pp. 125-147.

Le niveau de diplôme des parents influence bien sûr les deux indicateurs, mais le diplôme des mères influence surtout la compétence tandis que celui du père influe sur le niveau scolaire, par ce que les auteurs attribuent à une meilleure élaboration d'une « stratégie scolaire ». Ce point est intéressant, parce qu'il suggère que les mères s'impliqueraient plus dans le « contenu » du savoir, tandis que les pères mettraient leur capital scolaire au service de l'obtention d'un diplôme plutôt que d'un savoir. La réussite professionnelle (mesurée quantitativement par le type de poste et la rémunération associée, et non par le sentiment subjectif de réussite professionnelle) étant fortement corrélée au niveau de diplôme, l'action du père serait ainsi plus efficace que celle de la mère, en tout cas sur le marché du travail.

Les auteurs notent aussi que si le niveau de diplôme des mères est un facteur essentiel de la réussite scolaire des enfants, filles et garçons confondus, ce rôle est encore plus important pour les garçons que pour les filles, ce qui suggère que celles-ci construisent leur propre comportement scolaire de façon assez indépendante du modèle maternel. La profession du père, à l'inverse, a une influence plus grande sur la réussite scolaire et les compétences des filles que sur celles des garçons. Pourtant, différents éléments attestent d'un investissement plus marqué des pères en matière de travail scolaire lorsque l'enfant est un garçon. D'autres travaux confirment cette implication différenciée : les pères assistent plus souvent aux réunions avec les enseignants pour leurs fils que pour leurs filles, et participent plus volontiers à des discussions sur l'actualité ou les projets d'avenir[1] lorsque leur enfant est un garçon.

Plus d'intentions que d'actions

Comment tout ceci se traduit-il dans les niveaux de performance et de réussite scolaire des filles et des garçons ? Une première lecture inciterait sans doute à penser que l'attention soutenue dont les garçons sont l'objet va de pair avec une réussite scolaire et plus tard professionnelle supérieure. Cette intuition est infirmée par des travaux qui établissent sans ambiguïté les résultats scolaires supérieurs des filles[2], résultat extrêmement documenté. Cette supériorité scolaire ne se traduit pourtant pas par une plus grande réussite professionnelle (évaluée par la capacité à atteindre des postes à responsabilités et les rémunérations correspondantes par rapport aux garçons de même niveau de diplôme). Certains auteurs ont cherché à caractériser les pratiques parentales semblant favoriser la réussite scolaire des enfants en mettant en avant des modèles de fonctionnement familiaux favorables. D'autres tentent d'éclairer les attitudes « sexuées »

---

1. Deslandes, R., Cloutier, R., « Pratiques parentales et réussite scolaire en fonction de la structure familiale et du genre des adolescents », *Revue française de pédagogie*, n° 151, avril-mai-juin 2005, pp. 61-74.
2. Voir pour une synthèse Baudelot, C., Establet, R., *Allez les filles !*, Seuil, 1992.

des parents à l'égard de leurs fils et de leurs filles, aspect qui nous retiendra ici. Marie Gouyon et Sophie Guérin[1] réconcilient les deux constats relatifs aux résultats scolaires et professionnels. Les auteurs notent qu'en 2003, les parents envisageaient un niveau d'études plus poussé pour leurs filles que pour leurs fils – ce qui après tout est dans la logique d'un niveau scolaire généralement supérieur –, mais rappellent le paradoxe (mis en évidence par Barnet-Verzat et Wolff) selon lequel si les parents ont des ambitions scolaires plus élevées pour leurs filles en termes de niveau de diplôme attendu d'elles, ils dépensent pourtant moins pour elles que pour leurs fils, premier indice de l'écart entre discours et actes.

Si l'on s'intéresse de plus près au choix des filières les plus « rentables », le paysage change : les parents privilégient le baccalauréat scientifique pour leurs fils, mais non pour leurs filles, à niveau scolaire égal. Les bons élèves sont ainsi plus systématiquement poussés vers le baccalauréat scientifique que les bonnes élèves. Les auteurs de cet article suggèrent que ce résultat, paradoxal en apparence, pourrait être lié à une moins grande pression sociale sur la réussite professionnelle pesant sur les filles, qui, jointe à une plus grande autonomie de décision, leur permettrait de faire des choix « plus proches de leurs goûts ». Par ailleurs, cet article met en évidence les nombreuses

---

1. « L'implication des parents dans la scolarité des filles et des garçons : des intentions à la pratique », *Économie et Statistique*, n° 398-399, 2006, pp. 59-84.

différences qui jalonnent le suivi et les ambitions scolaires des parents à l'égard de leurs fils et de leurs filles. Si les garçons, selon les auteurs, sont souvent plus « surveillés », les filles apparaissent plus autonomes (le sens de la causalité entre comportement et degré d'autonomie laissé aux uns et aux autres n'est pas déterminé); les filles entretiendraient un meilleur rapport avec l'institution scolaire, facteur important d'intériorisation de ses valeurs. Ce degré d'autonomie manifesté par ou donné aux filles en matière scolaire se retrouve à tous les âges.

Concernant les rôles respectifs des pères et des mères, bien des résultats suggèrent finalement que loin d'être substituables, les aides apportées aux enfants par les deux parents se cumulent, reflétant plus une adhésion consensuelle des deux parents à un même investissement dans l'aide aux enfants qu'un partage de cette tâche entre eux : les mères sont plus présentes que les pères, certes, mais le suivi d'un des parents est corrélé positivement à l'aide de l'autre, les pères étant d'autant plus actifs dans l'aide aux devoirs et la surveillance scolaire que les mères le sont également. De quoi revoir sérieusement l'emploi du temps de toute la famille.

CHAPITRE 7

Les défis de la nouvelle génération

EMMANUELLE GAGLIARDI ET ANNE PERROT

Les voix des féministes des années 1970 ont à peine baissé d'un ton que la nouvelle génération semble, sur certains acquis, faire volte-face. Mais elle est également confrontée à de nouveaux enjeux. Les combats menés l'ont-ils été en vain, ou ont-ils préparé le terrain pour d'autres ? Les femmes, d'ailleurs, doivent-elles se battre seules ? Il semblerait, au contraire, que le changement doive plutôt être voulu et conduit par les deux sexes.

On le voit, l'enjeu des générations « X Y »[1], presque à l'inverse de celle de leurs mères, réside bien dans l'articulation des temps de vie leur permettant de gérer leurs doubles journées, travail/vie privée. Comme

---

1. La « génération X » correspond aux personnes âgées en 2012 entre trente et quarante-cinq ans ; la « génération Y », elle, rassemble les moins de trente ans environ.

le souligne Dominique Méda[1], la société ne s'est pas réorganisée en profondeur pour accompagner l'arrivée massive des femmes sur le marché du travail : « *Personne ne s'est demandé par qui, ni même comment allaient être prises en charge les cinquante heures de travail domestique hebdomadaires qu'elles assuraient jusqu'alors.* » En l'état actuel, ce sont les femmes qui s'occupent de 80 % des tâches ménagères. De ce fait, comme le remarque la sociologue Marie Duru-Bellat, le principal verrou aux carrières des femmes vient du fait qu'elles anticipent le temps dont elles auront besoin pour effectuer leurs tâches domestiques.

Vers un retour de la femme au foyer ?

Cette anticipation se rencontre chez des populations de plus en plus jeunes. Quelques années plus tard, les seules soupapes de sécurité que s'autorisent les femmes devenues mères sont les temps partiels et les quatre cinquièmes. Jusqu'au jour où elles jettent définitivement l'éponge ! Si bien que l'on entend parler du retour de la femme au foyer, la « FAF ». Certes, cette tendance reste marginale et restreinte aux foyers aisés. Toutefois, « *c'est un phénomène dont on parle dans les médias, car quelques femmes ont fait des sites Web de femmes au foyer, mais pour l'instant, la France est le pays qui a le plus de femmes sur le*

---

1. Méda, D., Périvier, H., *Le Deuxième Âge de l'émancipation*, Seuil, 2007.

marché du travail qui sont mères d'au moins deux enfants de plus de trois ans», rappelle Florence Rochefort[1].

Pour autant, les jeunes mères rentrent au foyer après avoir découvert deux sortes de réalités, selon Yvonne Knibiehler[2] : leur travail extérieur les a déçues ; leur enfant exige plus de soins qu'elles n'avaient imaginé, et surtout, elles veulent «profiter» de ses premières années. *«En effet, la maternité est certes une charge très lourde, mais c'est aussi une source inépuisable de bonheur charnel, affectif et intellectuel. Nos enfants ne sont pas des animaux : ils acquièrent jour après jour la qualité humaine, l'intelligence, le langage, la curiosité, la relation à autrui. Assister à cet éveil, l'accompagner pas à pas est pour les parents une joie irremplaçable. J'ai plusieurs jeunes amies qui, après avoir élevé leurs deux aînés en travaillant, ont ressenti une frustration : elles ont voulu avoir un troisième enfant, et elles ont pris un long congé pour l'élever elles-mêmes»*, témoigne Yvonne Knibiehler.

Pour celles qui restent dans l'univers professionnel, le manque de perspective donné par l'accumulation de stages non payés et de CDD à répétition alimente le sentiment d'incertitude dont souffrent les «X Y». Filles comme garçons se posent alors la question du sens. En

---

1. Florence Rochefort est notamment chargée de recherche au CNRS au sein du GSRL (Groupe Sociétés Religions Laïcités), et présidente de l'Institut Émilie du Châtelet pour le développement et la diffusion des recherches sur les femmes, le sexe et le genre.
2. Yvonne Knibiehler est essayiste, historienne et féministe française.

particulier, selon Juliette Allais : quel sens cela a-t-il de travailler ? Nous sommes à une époque où la question matérielle ne suffit plus. Si nos parents ont eu ce qu'ils voulaient matériellement, on s'est aperçu que cela ne réglait rien. La jeune génération est donc obligée de réinventer la réussite, de transformer son héritage.

Transmission des combats...

Du côté féministe, on s'interroge. Après s'être battues pendant des années pour leur libération par l'autonomie financière, voilà que les femmes se remettent sous tutelle simplement parce qu'elles n'ont pas trouvé de réponse à leurs interrogations et qu'elles ne sont pas parvenues à un compromis viable entre la sphère professionnelle et la sphère privée. Les féministes auraient-elles raté le coche de la maternité ?

Claudine Monteil s'empresse de nous rafraîchir la mémoire : « *Nous étions la première génération de la contraception. Quand la pilule a été autorisée, la majorité était à vingt et un ans, et les jeunes filles mineures ne pouvaient la prendre qu'à la condition d'obtenir une autorisation écrite des parents, c'est-à-dire du père, le chef de famille. Autant dire que c'était une mission impossible. Pour notre génération, l'avortement était la grande terreur, c'est pourquoi nous en avons fait la priorité du MLF. Le mot même était tabou. Je ne l'ai entendu murmurer que deux fois par mes parents, qui étaient pourtant des intellectuels, ma mère même était féministe. Et en vingt-quatre heures seulement, le mot avortement, qui était le plus tabou de la langue française, est devenu le mot le plus utilisé dans tous les médias, tellement le scandale fut grand : nous avons brisé la loi du silence.* » Tout cela pour dire que les féministes ont travaillé dans l'urgence pour libérer les femmes des épreuves liées aux enfants non désirés, à une époque où deux tendances se sont opposées. La militante féministe Clémentine Autain rappelle qu'il y avait celles qui envisageaient la maternité comme un esclavage, comme une entrave. C'était l'idée de la grève des ventres, soutenue par Simone de Beauvoir qui conseillait de ne pas avoir d'enfants. Et celle de la « maternitude », c'est-à-dire la maternité considérée comme le lieu de révélation de la femme.

Aujourd'hui, confesse Yvonne Knibiehler, le temps a passé, une autre génération arrive à l'âge de procréer, elle découvre d'autres relations avec le travail et la famille. La nouvelle urgence est de les aider à s'exprimer et à résoudre leurs problèmes qui tournent autour de la conciliation des temps de vie, du congé parental et de la différence des salaires.

... ou glissement vers de nouveaux combats ?

Avec pour trame de fond, le partage des tâches domestiques, qui doit être considéré, selon Clémentine Autain, comme un véritable combat politique. Des études ont montré que plus les femmes ont de diplômes, mieux elles négocient le partage des tâches au sein du couple. Mais pour l'ensemble de la population, l'enjeu est de parvenir à réduire le temps de travail pour tous afin qu'hommes et femmes s'investissent plus dans leur vie personnelle, de développer un service d'accueil pour la petite enfance, une prise en charge gratuite sur le modèle de l'école maternelle, et de promouvoir des campagnes de publicité pour le partage des tâches et la lutte contre les stéréotypes. Une idée que réfute vivement le philosophe Vincent Cepédès, pour qui la parentalité au sein du couple n'est rien d'autre que du marketing masculin. Au nom de quoi les hommes vont-ils changer ? Nous sommes dans une société verrouillée dans la phallocratie. Le modèle du couple 50-50 est un mythe. Quatre-vingts pour cent des tâches ménagères sont effectuées par les femmes, dont les tâches les plus ingrates. Le philosophe assène : « *Le travail que l'on demande aux femmes d'exercer gratuitement n'est rien d'autre que du gangstérisme organisé. C'est un vrai* hold-up. *Et nous avons été élevés là-dedans.* »

Pour l'instant, le consensus est mou. Mais il suffirait de montrer qu'il y a un vrai intérêt sociétal dans la mise en place de l'équité au foyer et une réelle vertu à rééquilibrer les positions hommes/femmes. Il faudrait que les hommes soient eux-mêmes les fers de lance de ce changement, convaincus que les bénéfices leur reviendront au centuple. En somme, il faudrait créer une association féministe d'hommes. Des candidats ?

« L'important, c'est de transmettre ce que sont pour nous les conditions du bonheur »

Sophie de Menthon, est entrepreneur, présidente d'ETHIC, et forte d'un parcours souvent cité en exemple. Sa fille Alexia Delrieu est auteure de livres pour enfants. Ensemble, elles reviennent sur leurs attentes de mère et de femme vis-à-vis d'elles-mêmes… et de leurs enfants.

■ *Comment avez-vous débuté ?*

Je n'ai pas été programmée pour faire carrière. J'étais fille unique issue d'un milieu bourgeois. Mes parents voulaient que je fasse de bonnes études. Surtout mon père. Ma mère, elle, voulait que je me marie et que j'aie des enfants. Mon éducation a été très classique, très encadrée et très sévère. Finalement, j'ai conquis ma liberté sans le savoir. J'étais extrêmement modeste. Pour gagner un peu d'argent, j'ai cherché à faire des enquêtes en porte-à-porte. J'avais alors deux bébés, j'ai donc voulu mener ces enquêtes par téléphone, et ai monté un département à cette fin. À l'époque, je n'étais pas consciente de créer une entreprise : pour moi, je me lançais dans une activité. Puis j'ai monté une société, dont mon mari faisait les comptes. Nous avons commencé à deux et j'ai fini avec huit cents personnes. Puis j'ai créé un syndicat pour cette activité. Le métier s'est développé et être à la tête de ce syndicat m'a donné le goût de l'institutionnel. Anne Méaux, alors directrice de communication d'Alain Madelin, ministre de l'Industrie de l'époque, m'a convoquée, et je l'ai aidée à monter Idées-Action. Tout cela s'est fait un peu par hasard : je pense que les hommes sont plus dans la programmation, alors que les femmes font ce qu'elles ont à faire pour atteindre un objectif. Alexia, qui n'a jamais monté de boîte, est finalement très entrepreneuse à sa façon. Elle a beaucoup d'idées, prend des initiatives sur l'écriture de ses livres, a récemment repris des kiosques de bouquinistes sur les quais… Elle gère énormément de choses, et le fait en entrepreneuse indépendante. J'étais à peu près sur le même modèle.

■ *Qu'avez-vous transmis à Alexia et Guillaume ?*
S.dM. : J'ai beaucoup plus embêté mon fils pour qu'il fasse une grande école, je ne sais pas pourquoi. Ce qui est sûr, c'est que je ne les faisais quand même pas travailler comme eux font travailler leurs enfants aujourd'hui !
Alexia Delrieu : Je pense que nous avons aussi changé d'époque. Maintenant, on ne peut plus se permettre de ne pas être inquiet, que ce soit pour une fille ou pour un garçon. La vie est tellement plus dure qu'à l'époque de ma mère.
S.dM. : C'est vrai, je n'étais pas inquiète, même si j'ai fait très attention. J'étais attentive. Avec Guillaume, j'ai été conventionnelle. Il n'y a pas eu de traitement différent, mais j'ai gardé pour Alexia le même réflexe que pour moi. Je pensais qu'elle allait se marier, avoir des enfants et qu'après on verrait. J'étais convaincue que tous deux réussiraient dans la vie. En même temps, j'ai eu mes enfants très jeune et j'avais une part d'insouciance liée à mon âge.

A.D. : On se construit aussi soi-même, en même temps que ses enfants.

S.dM. : C'est vrai que je me suis construite avec vous. J'ai beaucoup évolué en même temps que mes enfants. Comme avec ma boîte d'ailleurs.

■ *Ce qui était important, c'était d'avoir un diplôme plus que de l'exercer ?*

S.dM. : Oui, et je n'ai pas tellement changé d'avis. Je pense que la réalisation d'une femme passe par l'amour, le couple, la maternité, qu'une femme heureuse et épanouie peut tout faire dans la vie. Quand je vois la catastrophe de certaines femmes qui à quarante ans ont consacré tout leur temps à leur boîte, n'ont pas eu d'enfants et en font en urgence parce que l'horloge biologique tourne, vivant leur grossesse plus difficilement et étant ensuite totalement absentes pour l'entreprise. Je l'ai vécu en tant que chef d'entreprise. Avoir des enfants à vingt ou vingt-cinq ans ne pose aucun problème pour l'entreprise. À trente-huit, oui !

A.D. : Il y a de fortes chances pour les femmes qu'il y ait des trous dans leur carrière. Le tout est de choisir à quel moment les faire.

S.dM. : La chance de ma vie a été d'avoir mes deux enfants avant vingt-trois ans. J'aurais pu en faire un troisième, mais ce fut ma boîte !

■ *Alexia, vous avez toujours vu votre mère travailler. Cela vous a-t-il montré qu'il était possible de concilier sa vie professionnelle et sa vie privée, ou au contraire cela vous a-t-il donné envie de faire autrement?*

A.D.: C'était atypique. Ma mère était tout le temps là. Pendant tout notre primaire, elle a travaillé à la maison. À partir de la sixième, elle a installé ses bureaux à vingt mètres de la maison.

S.dM.: Toi pour ta fille, tu préférerais quoi? Qu'elle soit pilote de ligne ou mère de trois ravissants enfants?

A.D.: Je pense qu'elle arrivera à faire les deux.

■ *Que transmettez-vous à vos enfants?*

A.D.: Ce que leur père et moi souhaitons transmettre à nos enfants est, d'une part, leur donner le maximum de chances en matière d'éducation, de culture, mais d'autre part qu'ils ne soient pas formatés et ne reproduisent pas le schéma classique des «élites»: «prépa», grande école de commerce, poste dans une banque d'affaires, etc. Ma mère nous a toujours dit qu'on pouvait faire n'importe quoi, du moment qu'on le faisait bien.

S.dM.: L'important, c'est de transmettre ce que sont pour nous les conditions du bonheur. Une psychologue m'a dit qu'aujourd'hui, les parents aimaient leurs enfants pour que leurs enfants les aiment. Ils ont peur de pas être aimés et n'osent pas leur inculquer certains principes d'éducation.

A.D.: Le divorce a beaucoup accentué ce phénomène. On ne veut pas prendre le risque d'être moins aimé que l'autre parent.

S.dM. : C'est quelque chose qui ne m'est jamais arrivé. J'étais plus sévère que leur père!

■ *Alexia, avez-vous les mêmes attentes pour votre fille que pour vos deux fils?*
A.D. : Sincèrement, oui. J'ai trois enfants : un garçon de onze ans, une fille de huit ans et un fils de quatre ans. Les personnalités des enfants doivent également être prises en compte. Mon mari aussi fait très attention à ce que l'on donne la même éducation à chacun. Le niveau d'exigence est le même pour tous.

■ *Que signifie réussir pour vous?*
A.D. : Pour moi, la réussite est synonyme d'épanouissement. C'est aussi rester fidèle à ce que l'on veut faire, ne pas regretter de ne pas avoir suivi sa voie.

PARTIE 2

Le pouvoir dans la sphère professionnelle

L'évolution des individus, de leurs comportements, de leurs attentes, se traduit directement dans l'un des lieux où la plupart passent, dit-on, « un tiers de leur temps » : l'entreprise, ou plus globalement la vie professionnelle. C'est d'ailleurs là que sont particulièrement pointées les inégalités femmes/hommes, notamment au travers de la lecture des statistiques sur les niveaux d'emploi, de responsabilité et de rémunération. Reste qu'une fois dépassé le stade du constat, il convient de rechercher des explications, et mieux, des voies d'amélioration.

Quelques *a priori* peuvent alors tomber. Que des métiers perçus comme radicalement « virils » ne seraient pas accessibles aux femmes : la « haute cuisine », par exemple. Ou que les femmes fabriqueraient elles-mêmes certains des blocages professionnels qu'elles rencontrent. Ou encore qu'elles ne seraient tout simplement pas faites pour certaines carrières, scientifiques notamment. Avec le concours de spécialistes, nourris parfois de leur propre vécu, l'Observatoire des Futur(e)s propose ici un nouveau regard sur la sphère professionnelle.

Regard qui n'oublie pas de poser des questions : et si le vrai problème n'était pas dans l'entreprise, mais dans le système ? Comment les femmes le vivent-elles ? Comment les différentes générations, « X » et « Y » notamment, y évoluent-elles, séparément et conjointement ? Les filles d'aujourd'hui abordent-elles leur vie professionnelle de la même manière que leurs mères ? Quels leviers utilisent-elles ou pourraient-elles utiliser pour faire enfin bouger les lignes de la répartition des pouvoirs dans l'entreprise ?

CHAPITRE 8

Conquête et exercice du pouvoir

RAFIK SMATI

Les fondateurs de la philosophie politique n'ont pas considéré opportun de traiter en profondeur de la question de la différence des genres. La relation des hommes et des femmes au pouvoir répond-elle aux mêmes fondamentaux ? Y a-t-il une approche masculine ou féminine du pouvoir ? Le pouvoir n'est-il par essence qu'une affaire d'hommes ? Autant de sujets sur lesquels nous aurions voulu voir Aristote, Hobbes ou encore Spinoza plus prolixes.

De deux choses l'une : soit ces brillants esprits (dont il ne nous a pas échappé qu'ils sont en quasi-totalité des représentants du sexe masculin) considéraient que le rapport de l'homme et de la femme au pouvoir était en tous points analogue, ce qui ne justifiait pas une différenciation ; ou alors, et c'est le plus probable, ils n'envisageaient même pas l'hypothèse selon laquelle le mot « pouvoir » pouvait se décliner au féminin, en particulier dans la sphère politique. Cela tient sans doute à l'époque. Mais aujourd'hui, ne peut-on pas penser qu'une analyse du pouvoir avec un prisme masculin/féminin pourrait être de nature à apporter un nouvel éclairage sur ce concept encore au cœur de notre système politique, économique et social ?

Les philosophes Hobbes (dans le *Léviathan*) et Spinoza ont pourtant dès le XVIIe siècle touché du doigt le sujet de la dichotomie des genres, sans toutefois le traiter. En particulier, la question des genres était manifestement sous-jacente lorsqu'ils se sont l'un et l'autre référés à la sémantique du mot « pouvoir » pour élaborer leurs théories sur les rapports de pouvoir. En latin, « pouvoir » se définit en effet par deux mots différents. D'une part, « *potentia* » exprime la force, le « pouvoir de » ; les anglophones le traduisent par « *power to* » ; d'autre part, « *potestas* » exprime la puissance, le « pouvoir sur », le « *power over* » pour les anglophones. Au fond, n'a-t-on pas là une différenciation qui pourrait correspondre à une approche masculine et féminine du pouvoir ? Ne pourrions-nous pas supposer que la « *potentia* » (le pouvoir de) est plutôt féminin, alors que la « *potestas* » (le pouvoir sur), contient une dimension masculine évidente ?

La conquête : un comportement masculin

« *Prouve que tu es un homme* », « *Tu seras un homme, mon fils* », « *Fais-le si tu es un homme* » : de tout temps et dans presque toutes les civilisations, les hommes ont dû démontrer et prouver leur virilité par des actes de courage et de bravoure. Les pères eux-mêmes ont éduqué leurs fils en faisant de la prise de risque un principe fondateur de leur masculinité. Ces comportements ne sont pas récents et prennent leur source dans notre passé préhistorique. Il y a cent mille ans déjà, l'homme risquait sa vie pour aller chasser pendant que la femme veillait sur le camp. Aux hommes la conquête des nouveaux territoires, aux femmes l'organisation des relations sociales au sein de ces territoires. Quand les hommes incarnaient l'autorité à l'extérieur du foyer, les femmes exerçaient cette autorité à l'intérieur. Quand les hommes enseignaient à leur descendance l'art de la guerre, les femmes veillaient à la transmission du savoir. Il ne nous appartient pas, au travers de ces exemples, de nous interroger sur la construction de ce que l'on pourrait considérer comme étant des stéréotypes. Toujours est-il qu'il y a ici un constat aujourd'hui couramment admis : le risque est une valeur masculine, la prudence une valeur féminine ; la conquête est l'apanage de l'homme, l'organisation l'apanage de la femme.

Notre modèle de civilisation s'est donc bâti sur une approche masculine : prise de risques, conquêtes et guerres. En effet, en regardant en arrière, la chasse, la guerre, les conquêtes, sont des actes éminemment masculins qui ont façonné l'histoire et le monde tel que nous le connaissons aujourd'hui. Nos musées, du reste, débordent d'œuvres d'art représentant des hommes à pied ou à cheval, une lance ou un bâton à la main, précisément en situation de prise de risque.

Les origines de ce comportement peuvent être expliquées par des raisons biologiques. Les hommes sécrètent une hormone, la testostérone, qui joue un rôle clé dans le fonctionnement sexuel, mais qui a aussi la faculté de développer de façon exagérée la confiance en soi en situation de stress. Il s'agit sans doute d'une ruse de la nature, qui a voulu ainsi aider les hommes à faire preuve de bravoure lors de la chasse au mammouth en milieu hostile. La testostérone (présente aussi chez la femme, mais en quantité bien moindre) a ainsi joué un rôle capital dans le développement du monde, en aidant l'homme à transcender ses peurs, que cela soit dans la chasse de mammifères bien plus gros que lui, dans ses conquêtes territoriales ou dans les guerres qu'il a été amené à livrer. Tout ce qui, en gros, a contribué à bâtir le monde tel que nous le connaissons.

La question que l'on peut aujourd'hui se poser est la suivante : quel usage l'homme fait-il de sa testostérone, à présent que les enjeux liés à la chasse ont disparu, que les positions territoriales sont figées et que sa sécurité physique est garantie par un État protecteur ? La conquête était à la base une pulsion masculine qui conduisait à découvrir, puis coloniser. Elle s'est longtemps appliquée à des territoires géographiques. Elle a toujours été, et est encore, au cœur des comportements masculins. En effet, s'il n'est plus territorial, cet esprit de conquête perdure aujourd'hui sur le terrain des idées, des concepts, des arts, contribuant ainsi à ancrer le pouvoir dans la sphère masculine.

La relation des femmes au pouvoir

L'accès des femmes aux postes à responsabilité, notamment dans la sphère politique et économique, est une question récurrente dans le débat public. Les femmes sont-elles capables d'exercer des postes à responsabilité ? Assurément oui. Elles développent même des capacités qui leur sont propres et éminemment en phase avec le monde d'aujourd'hui : prise en compte du long terme, prise de risque modérée, sens du partage et du consensus. Si la question de l'exercice du pouvoir ne se pose pas, celle de l'accès au pouvoir se pose. Pourquoi ? Parce que les hommes ont développé un système de valeurs en phase avec leurs propres comportements, un modèle dont le socle est la conquête : avant d'exercer le pouvoir, il faut être en mesure de le conquérir. En d'autres termes, avant de pouvoir exercer une « *potentia* », c'est-à-dire un « pouvoir de », il faut préalablement être en mesure d'exercer une « *potestas* », à savoir un « pouvoir sur ». Notre système qui glorifie encore le désir de conquête contraint donc les femmes à adopter des comportements davantage masculins, et à combattre les hommes sur le registre de la conquête, ce qui est contre nature. Sans doute est-ce la raison pour laquelle les femmes peinent encore à accéder aux postes à haute responsabilité, tant dans la sphère économique que politique.

L'exemple du domaine de l'art est très éloquent et peut nous aider à illustrer ce propos. Il est une idée reçue selon laquelle le génie créatif appartiendrait quasi exclusivement aux hommes. Et pour cause : tous les grands peintres, philosophes ou musiciens qui ont fait et font encore l'histoire de l'art sont des hommes. Est-ce donc à dire que les femmes sont moins créatives que les hommes ? Bien sûr que non ! Les femmes ne sont pas moins douées que les hommes pour écrire, dessiner ou penser. Peut-être même d'ailleurs ont-elles plus de facultés pour cela. Les femmes ne sont-elles pas plus diplômées que les hommes ? Ne développent-elles pas une sensibilité plus aiguisée ? Dans *Blink: The Power of Thinking Without Thinking*[1], le journaliste américain Malcolm Gladwell relate une anecdote qui en dit long sur les préjugés qui peuvent se développer sur la capacité des femmes à créer. L'orchestre philharmonique de Munich était un groupe exclusivement masculin, jusqu'au jour où il a été décidé de procéder à une audition « aveugle », derrière un paravent, c'est-à-dire sans identifier le sexe du musicien : le jury a pour la première fois et à sa grande surprise sélectionné une soliste. Le principe du paravent a ensuite été repris par les orchestres nord-américains, à échelle nationale dans les années 1980. La part des femmes est passée de 5 % à 50 %, ce qui tend à démontrer que le jugement du *maestro* était davantage déterminé par ses préjugés et par ses yeux que par son écoute et ses oreilles. Un comble.

Pourquoi donc la conscience collective tend-elle à associer la créativité au sexe masculin, alors que la réalité est tout autre ? Il se trouve que dans le domaine des arts comme

---

1. Back Bay Books, 2012.

dans les autres, les hommes sont animés par un désir de conquête. C'est ce désir de conquête qui les pousse à diffuser leurs créations, à les promouvoir. Une femme peut tout à fait se contenter d'écrire un roman ou de peindre une toile pour son épanouissement personnel. Un homme, lui, aura besoin d'être édité ou être exposé. Sans doute est-ce la raison pour laquelle la plupart des grands chefs cuisiniers sont des hommes, alors que dans la sphère privée, l'art culinaire relève davantage du féminin.

L'avènement des réseaux féminins

Dans un système de valeurs qui valorise les comportements masculins, les concepts de réseaux, d'influence et de pouvoir sont particulièrement liés. Ne dit-on pas que pour accéder aux responsabilités, pour conquérir le pouvoir, il convient d'abord de constituer son réseau, de tisser sa toile ? Les femmes, même si elles ont de tout temps su exercer une influence, souvent occulte, auprès de leur mari, n'adhèrent pas naturellement à cette logique de réseau. C'est la raison pour laquelle l'immense majorité des réseaux, notamment politiques et économiques, sont très largement masculins.

Une révolution vient depuis peu bouleverser cette donne. Il s'agit de l'avènement d'Internet, qui permet aux femmes de tisser un réseau hétérogène et protéiforme bien plus en phase avec leurs aspirations profondes. Internet place en effet désormais la femme au cœur de l'écosystème. Avec

Internet, la femme n'est plus spectatrice, mais actrice de sa propre vie. Plus encore, la femme ne se contente plus d'être utilisatrice du média, mais elle acquiert elle-même le statut de média. Elle émet à son tour de l'information, alors qu'elle n'en était jusqu'à présent que le réceptacle.

Le comportement des femmes sur Internet est très révélateur, et probablement annonciateur d'un changement de civilisation. Pour les femmes, la technologie n'est pas une fin en soi, mais d'abord un outil permettant de tisser des liens, d'exercer sa créativité et de gagner du temps. Lorsque l'on interroge les femmes sur les raisons pour lesquelles elles utilisent Internet, 62 % évoquent avant tout le caractère social de ce média : il leur permet de nouer et d'entretenir des liens. La seconde raison pour laquelle les femmes utilisent Internet, c'est qu'elles ont identifié en lui un média dans lequel elles pouvaient exercer leur créativité. Les femmes ne se contentent pas de consulter Internet, elles en sont partie prenante. Les femmes sont ainsi les plus grandes contributrices aux forums de discussion. Ce sont les plus grandes utilisatrices des réseaux sociaux et sites communautaires. Plus intéressant encore, 47 % des femmes de quinze à vingt-quatre ans tiennent un blog. Le scientifique et futurologue français Joël de Rosnay ne s'y trompe pas. Il prévoit que par leur maîtrise des réseaux sociaux, les femmes pourraient jouer un rôle fondamental dans la société numérique en filtrant, commentant, voire « taguant » les milliards de messages d'une société de l'information évoluant en douceur vers une société de la recommandation.

Changer de paradigme

Dès lors que l'accès au pouvoir implique la conquête du pouvoir, ainsi que l'organisation en réseaux et en clubs, comportements éminemment masculins, comment envisager le développement de la présence féminine dans les hautes sphères politiques et économiques ?

Une première approche consiste à légiférer afin de contrer la « colonisation » masculine, qui est, nous l'avons vu, un mouvement irrépressible et naturel. Tel est le principe des quotas. Déjà appliqué dans la sphère politique dans les assemblées de listes (municipales, régionales), le principe des quotas sera probablement bientôt appliqué dans la sphère économique. L'idée qui consiste à instaurer un quota progressif de 20 %, puis de 40 % de femmes dans les conseils d'administration des sociétés de plus de mille personnes a pris force de loi, en France, depuis janvier 2011. Certains pays appliquent des principes similaires, tels que l'Espagne, depuis 2007, ou la Norvège, pionnière en la matière dès 1985 pour le secteur public, et en 2003 pour le secteur privé. Le conseil d'administration est l'organe de décision clé de l'entreprise. C'est en son sein que s'élabore la stratégie, que se décident les projets à long terme. À l'évidence, avoir davantage de femmes dans les conseils d'administration aura un impact fondamental sur la gouvernance des entreprises et sur leur devenir.

Il y a cependant là comme un aveu d'échec. Cette logique des quotas accepte l'idée d'un modèle de pensée masculin et tâche d'en limiter les effets. Une autre approche, plus novatrice, pourrait consister à redéfinir notre modèle de pensée, en procédant à un rééquilibrage entre les valeurs masculines et féminines. En d'autres termes, au lieu de contraindre les femmes à adopter des comportements masculins pour accéder au pouvoir, pourquoi ne pas encourager les hommes à développer des comportements plus féminins ? D'abord, une approche plus féminine de l'économie et de l'action politique contribuera à l'avènement d'une civilisation plus apaisée, où le consensus, le long terme et la transmission des connaissances seraient des principes fondamentaux. Mais surtout, elle ouvrira la voie à l'entrée des femmes dans les principaux organes de décision.

En effet, qui mieux que les femmes seraient en mesure d'incarner ces valeurs féminines ? Même si cette approche nécessite du temps, le mouvement est désormais à l'œuvre dans les jeunes générations. Les jeunes hommes qui entrent dans la vie active ne sont pas déterminés à se consacrer corps et âme à leur travail. Ils privilégient largement la sphère personnelle et sont moins carriéristes que leurs aînés. Certains fuient même la compétition. Peut-être à l'extrême. Il ne s'agit pas de passer d'un modèle organisé exclusivement autour de valeurs masculines à un modèle organisé autour de valeurs féminines. L'heure n'est pas au duel, mais à la dualité ; il ne s'agit pas d'opposer, mais de composer. N'a-t-on pas là les clés d'un authentique rééquilibrage entre hommes et femmes ?

Le pouvoir dans la cuisine : un combat des chefs ?

Une femme dans le salé, un homme dans le sucré… Hélène Darroze et Pierre Hermé incarnent chacun un sommet de la réussite dans l'art culinaire. Or, la cuisine est un lieu conquis par les hommes, quand le pouvoir n'est pas domestique mais professionnel. Comment se vivent les enjeux de pouvoir dans cet univers si particulier? Comment l'un et l'autre les ont-ils appréhendés? Entre la chef et le chef, une rencontre qui fait tomber les a priori.

■ *En cuisine, les codes, le vocabulaire, semblent brutalement « militaires ». Comment vous en êtes-vous emparée ?*
Hélène Darroze : Dans toute mon expérience professionnelle, je n'ai jamais constaté une telle autorité – sauf peut-être, enfant, dans les cuisines de mon grand-père, où j'ai pu ressentir des ambiances parfois violentes, jusqu'aux gestes. Mais aujourd'hui, cela me semble complètement dépassé, donc je suis toujours étonnée quand j'en entends parler. Je suis ma patronne depuis 1995 et ce sont des choses que je bannis.

■ *Même dans les propos de cuisiniers qui vous rejoignent et ont pu connaître autre chose ?*
H.D. : Il y a une dizaine d'années, il existait un temps d'adaptation à ma façon d'être chef, à ma cuisine, à ma manière d'organiser les choses, car c'est très différent de ce qui se passe ailleurs. J'ai une gestion

transparente, respectueuse, qui se passe dans la communication. Il n'y a jamais un mot au-dessus de l'autre. Quand il y a un problème, on le résout dans le calme… Je refuse absolument que l'on m'appelle « chef ». On m'appelle Hélène.

Pierre Hermé : Je suis comme Hélène : quand on m'appelle « chef », je me demande de qui on parle… Mais il y a des gens qui sont formatés à cela.

H.D. : Il est vrai que c'est inhabituel. Aujourd'hui, dans mes cuisines à Londres, je dirige directement cent quatre-vingts personnes, dont cinquante à soixante cuisiniers ; trois cents personnes au total, de quatre-vingts nationalités différentes, travaillent avec moi. S'ils en émettent le désir, tous mes collaborateurs sont au courant de tout. La seule chose que je garde confidentielle est la grille des salaires. Je partage tout, hormis la création, qui est un domaine que je ne sais pas du tout déléguer, ou très mal.

P.H. : Une chose que j'ai constatée chez toi, Hélène, est que certains des chefs qui travaillaient avec toi avaient la volonté d'acquérir une partie du pouvoir, et souvent assez maladroitement. Par rapport à tes créations, par exemple, ils voulaient « mettre leur grain de sel ».

H.D. : Pour certains, effectivement, c'est très difficile ! Mais je ne pense pas que ce soit lié au fait que je suis une femme ; c'est simplement parce qu'ils ont un certain niveau de connaissance, de compétence, une certaine maturité dans le métier, et très peu ont l'humilité de respecter le fait que s'ils travaillent avec moi, c'est chez moi. C'est mon nom qui est sur la façade.

Certains le respectent très bien, d'autres en revanche franchissent la ligne.

P.H. : Ou tentent de le faire, et ne comprennent pas dès le début qu'il y a un mode de fonctionnement et qu'il faut s'y tenir.

H.D. : Cela a pu être très conflictuel et très douloureux, parce qu'il est certain que je le ressens comme un viol.

■ *C'est un mot très fort…*

H.D. : Oui, et eux sont très frustrés.

P.H. : Alors qu'au départ, c'est tout à fait clair.

■ *La tentation est-elle moins grande dans des équipes menées par un homme ? N'y a-t-il pas toujours la tentation, lorsque c'est une femme, de faire le petit pas de trop, pour la tester ?*

P.H. : Cela peut se produire lorsqu'il y a deux chefs ensemble, parce qu'un chef est un chef. Mais j'ai le sentiment que de la part des hommes, c'est un peu plus difficile quand ils ont affaire à une femme qui a la prépondérance de la décision. Je parle ici de la cuisine ou de la pâtisserie, parce que ce sont des métiers plutôt machistes. Reste que l'organisation d'une cuisine est en fait assez hiérarchisée, en râteau et en pyramide. Tout le monde reporte au chef, dans une cuisine comme dans une pâtisserie. Et, même si elles ne sont pas encore en assez grand nombre, on trouve des femmes en haut de la pyramide.

H.D. : Et au-delà, il y a dans ce milieu de forts *ego*. Il est vrai que pour diriger, aujourd'hui, étant une semaine dans mon restaurant de Paris, une semaine dans celui de Londres, j'ai besoin de gens qui s'affirment. Dans ces deux endroits, il faut que cela fonctionne parfaitement, que je sois là ou non. Il faut obligatoirement faire appel à des talents, à des gens qui ont du charisme. Pour eux il est toujours très frustrant de se voir «voler» ce qui est le plus intéressant et qui nourrit l'*ego*, c'est-à-dire la création.

■ *Et ils ont peut-être aussi l'ambition du cran d'après?*
H.D. : L'idéal est de trouver celui qui ne l'a pas, en effet…

P.H. : Dans notre entreprise, beaucoup de femmes travaillent aux postes clés, et la relation ne pose jamais de problème, ou alors je ne le constate pas. En revanche, il est arrivé que la femme qui dirige une partie de l'activité de fabrication des macarons et des chocolats soit mise au défi par les hommes, en sa présence ou non. Elle les a remis à leur place. Cela peut être frontal, mais elle est très claire : elle explique aux gens le «code de la route».

H.D. : J'ai dû récemment expliquer à un homme de mon équipe mon insatisfaction le concernant, notamment en matière d'autorité, de management, de *leadership*, indispensables dans ses fonctions. Ce qui m'a beaucoup plu est qu'il me regardait droit dans les yeux. À une autre occasion avec un autre collaborateur, également sur une question de comportement, j'ai apprécié qu'il ait eu l'intelligence de prendre du recul et de se remettre en question. Aujourd'hui, je crois que notre relation y a énormément gagné. Mais c'est une question de personne plutôt que de sexe, me semble-t-il. Reste que c'est en effet moi qui dis les choses, je ne les fais pas dire.

■ *Quelle est la proportion de femmes dans vos équipes ?*
H.D. : En ce moment, il doit y en avoir à peine 20 %.
P.H. : Chez moi, 20 à 25 % aussi.

■ *Cela constitue un groupe visible. Observez-vous des différences dans les attentes professionnelles, dans la hâte de progresser ?*
P.H. : Il y a tous les cas de figure. Mais, comme je ne fais pas cette différence, je n'y suis pas très attentif.
H.D. : J'ai vu beaucoup de femmes très talentueuses qui ont arrêté. Elles avaient de l'or dans les mains, mais un jour elles ont fait le choix d'une vie de famille, contre le métier. Quand on me demande pourquoi il y a si peu de femmes à mon niveau, je ne condamne pas du tout le fait que ce soit un milieu misogyne : c'est vraiment le choix de la femme face à l'exigence du métier.

■ *En raison des horaires ? De l'intensité du travail ?*
P.H. : Aujourd'hui, dans les restaurants ou dans les hôtels, il y a deux brigades, celle du matin celle du soir. Mais effectivement, le travail reste intense, soutenu.
H.D. : C'est aussi une question financière. J'ai eu mes enfants au moment où j'ai pu payer quelqu'un pour être là potentiellement sept jours sur sept, vingt-quatre heures sur vingt-quatre. Cela a un coût énorme,

inaccessible à un chef de partie ou un sous-chef de restaurant. Et il faut aussi avoir la possibilité de déléguer à un entourage solide.

■ *Quand vous vous êtes lancée dans le métier, vous projetiez-vous comme chef?*
H.D. : Non. Mais les choses ont fait que je me suis retrouvée tout de suite à la tête. Je suis quelqu'un qui ne projette pas. Je crois fortement au destin, aux choses qui s'imbriquent, je n'ai pas de plan de carrière.

■ *Comment cela se passe-t-il dans votre milieu qui doit justement « produire des stars », des individus qui ont la stature, la capacité à tracter une équipe complète, et où en même temps il faut un collectif, parfaitement huilé?*
P.H. : Comme dans tous les collectifs il faut qu'il y ait un leader, qui entraîne l'équipe de différentes façons. C'est indispensable. Il faut avoir cet esprit de fédérer l'équipe autour d'une ambition. Cela demande du savoir-faire et une personnalité.

■ *Votre métier implique aussi une part de management et de gestion. Comment y est-on préparé? Le regard du banquier change-t-il selon qu'on est un homme ou une femme?*
H.D. : Pour de grands talents qui n'étaient pas du tout gestionnaires, cela a effectivement été catastrophique. Moi je suis diplômée de Sup de Co Bordeaux, donc « équipée ». C'est quelque chose que j'aime et que je sais faire. Quand j'ai ouvert Paris, j'avais trente ans. Je

suis allée voir le banquier toute seule et cela s'est très bien passé. Que je sois issue de Sup de Co les rassurait certainement. Je suis peut-être d'une naïveté profonde, mais je crois aux compétences. Je n'ai jamais eu devant un banquier l'impression d'être regardée différemment parce que j'étais une femme.

P.H. : De ta part, il y avait aussi beaucoup de conviction… Moi, en créant mon entreprise j'avais envie de faire mon métier comme je l'entendais, en étant dans mon époque. Et comme la partie gestion ne m'a jamais passionné, j'ai eu envie de créer cette maison avec un associé. J'apprécie et j'ai besoin d'avoir un échange avec lui sur nos activités, avec mon épouse aussi. C'est un atout. Je m'occupe du produit, de la création, de la fabrication et de la vente. Sur le reste, nous prenons les grandes décisions en commun, en travaillant ensemble au moins une demi-journée par semaine.

■ *Comment partage-t-on le pouvoir, quand on voit combien la création est précieuse et fragile ? Il faut avoir suffisamment de choses en commun pour que cela soude, mais pas trop non plus ?*

H.D. : C'est ce qu'il y a de plus épanouissant. Et j'aurais aussi besoin d'avoir ce double, comme Pierre. J'ai essayé à deux ou trois reprises avec des femmes et cela n'a jamais fonctionné. Il y avait des problèmes de compétence, certainement. Mais aujourd'hui, je cherche un homme, car je crois qu'il est plus facile, à ce stade, de travailler ensemble. Il est très difficile pour une femme de travailler à mes côtés. Peut-être parce que je ne sais pas le faire, mais de leur côté il me semble qu'il y avait un problème d'*ego*.

P.H. : Avec mon associé, nous ne nous retrouvons jamais en situation de dire : « *Mais enfin, pourquoi parle-t-il de cela, c'est à moi de le faire !* » Tout se fait naturellement. On n'a pas négocié, on en a parlé au début, et c'est naturel depuis.

■ *Hélène, votre célébrité a-t-elle entraîné d'autres vocations de femmes ?*

H.D. : Je pense que je donne un exemple, et cela me touche beaucoup. Si je peux susciter des vocations, créer des passions et des carrières, au contraire !

■ *En conclusion, qu'espérez-vous dans vos milieux professionnels pour les générations à venir ?*

H.D. : J'aimerais – mais je ne suis pas très optimiste – que les femmes se donnent les moyens, qu'elles s'astreignent à moins de contraintes, car ce sont elles qui se contraignent.

P.H. : J'aimerais faire prendre conscience aux jeunes qui choisissent ce métier, qu'ils soient hommes ou femmes, qu'il ne s'agit pas seulement d'apprendre à faire des gâteaux. Il faut apprendre les ingrédients, l'histoire du métier. Il faut se mettre dans la peau d'un étudiant qui apprend une partie des choses en classe, mais qui après travaille chez lui, développe une culture générale – même s'il s'agit ici de la culture du métier. Il faut avoir envie d'apprendre non seulement les gestes, mais aussi la connaissance du métier.

CHAPITRE 9

Confiance et système de performance : les clés de la sélection des élites ?

ARMELLE CARMINATI-RABASSE

Éloïc Peyrache est directeur délégué d'HEC et ancien élève de l'ENS Cachan. Dans ce cadre, il a tenté, avec ses équipes, d'approcher scientifiquement les contours d'une vérité qui pose question : pourquoi les filles, pourtant meilleures élèves dans leur scolarité, réussissent-elles systématiquement moins aux concours, comme celui prestigieux d'HEC ? Plusieurs hypothèses explicatives sont proposées.

L'étude « Performance Gender-Gap: Does competition matter? » a consisté en une analyse des données du concours d'entrée à HEC entre 2005 et 2007. Le point de départ en était un article publié par une revue américaine, relatant une expérience faite avec un groupe de vingt hommes et vingt femmes à l'Université de Tel-Aviv. Il leur était demandé de résoudre des labyrinthes : soit, en partant d'un point A, sortir à un point B, en trouvant le bon chemin. L'enjeu était alors de voir, en dix minutes, de combien de labyrinthes ils parviendraient à sortir. Cette séquence a été répétée cinq ou six fois, chaque candidat l'exécutant de manière solitaire et étant rémunéré de manière indépendante. L'étude a constaté que la performance des hommes et des femmes était très similaire. Ensuite, la recherche s'est portée sur la performance relative de chacun au sein du groupe : le meilleur d'entre eux et elles obtenait 300 dollars, le deuxième 280, le troisième 260, et cela diminuait ainsi jusqu'à 20 dollars. Là, la performance des hommes a augmenté et celle des femmes flanché. En revanche, en cas de tournoi entre femmes, leur performance a augmenté. Le constat n'est donc pas que les femmes n'aiment pas la compétition dans l'absolu, mais qu'elles n'aiment pas la compétition face aux hommes. Quand l'étude a interrogé les participants sur leur environnement de préférence, les femmes en grande majorité ont opté pour un système de rémunération en performance absolue, tandis que les hommes, à 73 %, ont choisi un système de rémunération en performance relative.

Des écarts de performance observables au concours d'HEC

Si l'on transpose cette tendance au système scolaire français, au baccalauréat par exemple, la performance y est absolue : fille ou garçon obtient une mention « très bien » ou « bien » indépendamment des autres ; c'est leur performance qui définit leur mention. Le concours d'entrée à HEC est, lui, le summum du relatif : sur dix mille postulants, seuls les trois cent quatre-vingts premiers seront pris. Or, 52 % des candidats sont des candidates. Elles sont de fait plus représentées que dans la population globale qui passe le baccalauréat ; on ne souffre donc pas ici du phénomène d'autosélection des filles. Cependant, seuls 47 % des admis à HEC sont des femmes. Au baccalauréat, dont on a toutes les données à travers les dossiers détaillés des candidats aux concours (les notes par matière, les écrits, les oraux, les mentions, le classement de la « prépa », l'âge, l'adresse), la performance des femmes domine strictement celle des hommes : mention par mention, les candidates à HEC sont plus nombreuses à être bien cotées que les candidats. En revanche, lors du concours écrit d'entrée à HEC, la performance des femmes est très concentrée autour de la moyenne (courbe de Gauss « en cloche »), tandis que celle des hommes a une grande variance. « Mécaniquement », comme seul le haut de la distribution est retenu lors du concours, l'école reçoit plus d'hommes que de femmes. Mais dire que les hommes sont meilleurs que les femmes est faux : le bas de la distribution regroupe, lui aussi, un surcroît d'hommes. Des effets similaires sont observables lors des oraux, mais moins forts. « *Cela a été un soulagement,* témoigne Éloïc Peyrache, *l'inverse m'aurait posé un gros problème. Là, il y aurait eu réunion de crise le lendemain matin, analyse des jurys, des biais de perception, etc.* »

Appétence au risque et maturité, des variables clés

Deux ans auparavant, au moment du Bac, les femmes sont meilleures, et finalement elles réussissent moins bien à l'épreuve du concours. La question est donc : que se passe-t-il entre-temps ? « *À HEC, en tant que professeurs d'économie ou de finance, dès que nous constatons une grande variance sur les notes, le réflexe est de nous dire que les personnes prennent plus de risques,* reprend Eloïc Peyrache. *Nous nous sommes donc demandé si les hommes prenaient plus de risques que les femmes au concours d'entrée.* » Selon certaines études, les femmes seraient en effet moins enclines, plus « averses » au risque, que les hommes. Appliqué à la gestion financière, si une femme est plus averse au risque, elle va avoir tendance à diversifier davantage son portefeuille pour minorer l'incertitude. Des études, en Suède notamment, ont analysé ce type de comportements. Dès lors, les femmes agiraient-elles de même en classes préparatoires, en travaillant d'arrache-pied toutes les matières tandis que les hommes feraient l'impasse sur certaines d'entre elles ? Filles et garçons auraient-ils des manières différentes d'organiser leur travail ? Les hommes feraient-ils des paris ? Eloïc Peyrache admet que l'équipe d'HEC s'est posé la question, mais sans trouver la réponse : « *Il est impossible de dire catégoriquement ce qu'il se passe, mais il est intéressant de partir de cette idée. L'homme prendrait le pari suivant au concours :* « Je travaille les mathématiques comme un fou. Si j'ai de la chance je gagne, sinon je perds ». *Tandis* que la femme travaillerait avec la même implication sur tous les sujets. Quand vous avez un temps fini à allouer à vos différentes matières, la gestion de la semaine pose la même question : les filles en classes préparatoires ont-elles un agenda très « balisé » ? Le gèrent-elles différemment des garçons ? »* La vraie différence avec l'expérience du labyrinthe est ici la question du temps : cette étude a testé de la performance individuelle, et cinq minutes après de la performance relative. L'étude « Performance Gender-Gap : Does competition matter ? » comporte, elle, de la performance individuelle au moment du Bac, et le concours deux ans après. Pendant deux ans, il se passe des choses. Les chercheurs ont donc considéré la question de l'âge et de la supposée plus grande maturité des filles, certains des jeunes passant le concours à 16 ans, d'autres à 20. « *On n'arrive pas à des explications très probantes*, reconnaît Éloïc Peyrache. *Néanmoins je trouve que cette piste mériterait d'être approfondie avec des psychologues, des pédiatres, pour retrouver cette idée de différence dans le temps en termes de maturité.* »

Questionner les matières et la mixité des épreuves ?

En admettant qu'il y ait des matières réputées masculines, féminines ou neutres, la question peut se poser de la répartition des résultats des filles et des garçons dans chacune. Selon Éloïc Peyrache, cette piste n'est toutefois pas probante : « *La répartition est très similaire, que* ce soit en histoire, en lettres, etc. On a pourtant tous les détails par matière depuis le bac de nos candidats. Or au bac et au concours, ce sont les mêmes matières : c'est donc complètement comparable, avec certes un niveau beaucoup plus avancé. » Conclusion : les matières n'ayant pas changé, le propos n'est pas de dire « on fait un labyrinthe un jour, et du saut en parachute le lendemain ». Du bac au concours, les candidats continuent à « faire du labyrinthe ». Ce qui a changé, c'est l'environnement, devenu très concurrentiel… Et mixte ! De quoi être tenté de tester un concours de filles et un concours de garçons, puisque l'épreuve du labyrinthe a montré que les performances relatives remontent entre filles ? Aux États-Unis des écoles de filles renaissent ici et là. Des travaux ont montré que les filles sont moins dans la séduction, que les garçons ont moins tendance à faire les malins parce qu'il y a des filles dans la salle : tout le monde est un peu plus sérieux et la performance moyenne augmente. *« Mais là on s'aventure sur un terrain un peu compliqué, car il faut aussi apprendre à vivre ensemble ! »*, reprend Éloïc Peyrache. À HEC, pour l'instant, pas question donc de remettre en cause la structure : *« Nous aurions 52 % de candidates et 16 % d'admises : ce serait alerte générale. Il y aurait quelque chose de fondamentalement problématique. Or, nous sommes toujours un peu au-dessus d'une moitié de candidates, et toujours un peu en dessous de 50 % de reçues. Nous n'en étions pas là il y a vingt ans, mais même ce côté désormais stable dans le temps nous indique que quelque chose se passe. »*

Pouvoir, envie de pouvoir et demande de pouvoir

Ce qui ressort de ces explorations est finalement une question de rapport au pouvoir. Au concours, comme dans la suite de son parcours professionnel, quelqu'un qui n'aime pas l'environnement concurrentiel est mal armé. Le système est en effet pyramidal, et plus on s'élève, plus les places sont rares et la violence forte. Beaucoup d'analyses ont porté de fait sur le thème : ne faudrait-il pas au sein des entreprises un système de promotion des femmes entre elles, et des hommes entre eux ? Puisque, finalement, les femmes en concurrence avec d'autres femmes ont tendance à plus s'investir que face à des hommes. Il y a aussi une question de stéréotype. Toute une «littérature» en psychologie montre que les hommes, par rapport aux femmes, surévaluent leur compétence dans la valorisation des succès. Est-ce qu'inconsciemment elles se disent alors : «*J'ai moins confiance en moi si je dois être face à des hommes*» ? Cette idée de confiance et de sur-confiance a un impact dans de nombreux domaines, par exemple le maintien des écarts de salaire entre hommes et femmes. Comme l'a écrit Linda Babcock[1] : « *Women don't ask.* »[2] C'est simple : les femmes attendent. Elles se disent qu'elles ont bien accompli leur travail, elles en attendent la recon-

---
1. Linda Babcok est professeure d'économie à l'Université Carnegie Mellon à Pittsburgh, Pennsylvanie.
2. Babcock, L., Laschever, S., *Women don't ask: Negotiation and the Gender Divide*, Princeton University Press, 2003.

naissance par leurs pairs, par les dirigeants. Quelqu'un viendra les féliciter et leur octroyer ce qu'elles méritent. Alors que les hommes réclament : « *Je n'ai toujours pas mon augmentation, qu'est-ce que c'est que ce bazar ?* » Ce sont des tendances comportementales très fortes. Avec des enjeux d'organisation de la sphère privée pour qu'une femme progresse dans sa confiance, ose insister pour une augmentation de salaire, se mette en avant.

À nouvelle génération, nouvelles aspirations ?

Ces stéréotypes ou comportements se lisent également au travers des orientations professionnelles choisies par les femmes. Au-delà de l'analyse des données du concours, il serait intéressant d'examiner selon le genre le mode de sélection des filières métier à la sortie de l'école. Des théories – il faut faire très attention aux mots – sont dites « de la pollution » : quand le pourcentage de femmes passe un certain niveau, dans une fonction, une profession, une spécialisation, on observe des effets de seuil et d'accélération de la féminisation. La première interprétation de cette théorie est de dire que dans ce cas-là, les hommes « fuient » pour trouver de nouveaux champs d'exercice professionnel : ils sont par exemple de plus en plus sous-représentés dans la magistrature, l'enseignement, la médecine et surreprésentés dans la finance. La seconde est de dire que la sélection s'opère selon des choix en phase avec la vie de famille : par exemple, opter pour l'enseignement ou une profession libérale, qui offre plus d'autonomie dans la gestion du temps. Les femmes accordent plus de valeur à des aspects autres qu'économiques (le temps passé en famille, le temps passé à lire, etc.). D'autres sphères les font rêver, en dehors du travail. Et la question se pose également de l'aspiration des jeunes générations à des rythmes ou des valeurs de temps particuliers, de moins en moins différents entre garçons et filles, à l'école et au-delà. Éloïc Peyrache le confirme : « *Deux mouvements très forts sont en train de se cristalliser sur le campus, d'une façon vraiment impressionnante. La demande des étudiants est évidente :* « Je veux vivre ma propre aventure et je veux donner du sens par l'engagement social. » *Certains de nos étudiants par exemple passent tous les mercredis de l'année à faire du soutien scolaire à Mantes-la-Jolie. C'est assez passionnant à observer pour une école, car entrer à HEC ouvre un accès au management à haut niveau. C'est une sorte de sésame, et une école pourrait faire le choix stratégique d'en rester là. Or l'entrepreneuriat, mû par la volonté de dire* « Je ne veux pas de chef, je veux être libre », *met tout cela à terre. On peut être autodidacte et entrepreneur, et pourtant à HEC, nous voulons encourager cette tendance.* » Dans laquelle, par ailleurs, les filles ne sont pas en reste… Vu ainsi, le schéma selon lequel les managers allaient oublier les dimensions du sens et de la liberté pendant leur carrière pour les réactiver à la retraite serait dépassé. La question de l'engagement est de plus en plus posée – ce qui ne manquera pas d'en poser d'autres aux entreprises qui accueilleront cette nouvelle génération.

Le changement viendra de la sphère privée

De fait, certaines grandes entreprises ont observé depuis plus de cinq ans ces générations « Y » et ont monté des parcours de carrière qui non seulement permettent du *pro bono*, mais aussi réintègrent ce type de contribution solidaire dans les évaluations de performance des collaborateurs, au même titre que n'importe quelle autre mission. Que la légère surreprésentation des femmes constatée au départ ait tendance à diminuer au profit des hommes indique clairement que le glissement des valeurs et aspirations professionnelles, dans cette génération, est mixte. Cela étant posé, Éloïc Peyrache prévient : « *Le cœur du sujet réside dans la gestion du temps. Tant que seule maman s'arrêtera de travailler parce qu'il faut emmener les enfants chez le médecin et que cela ne viendra pas à l'esprit de papa, les déséquilibres professionnels resteront indépassables. On restera dans la reproduction sociale, à la Bourdieu, sur laquelle les entreprises ont un rôle énorme à jouer. Il faut casser cette image qu'embaucher une femme représenterait un enjeu du fait de son implication plus forte hors économie. Certes, il y a la maternité, mais c'est une démarche de fond, qui relève plus des choix de société que du strict domaine de l'entreprise.* » L'une et l'autre sont-elles prêtes à y travailler ensemble ?

CHAPITRE 10

Les femmes et les mathématiques : dépasser les préjugés

CATHERINE VIDAL

En janvier 2005, Lawrence Summers, alors président de l'Université de Harvard, déclarait que «*le faible nombre de femmes dans les disciplines scientifiques s'explique par leur incapacité innée à réussir dans ces domaines*» ! Le propos fit scandale dans les milieux universitaires, féministes et scientifiques. La grande presse s'empara de l'événement, confrontant les opinions contradictoires[1]. À nouveau réapparut cette interrogation récurrente : les femmes ont-elles un cerveau doué pour les maths ?

Force est de constater que malgré les progrès des connaissances en neurosciences, les préjugés sur les différences cérébrales entre les hommes et les femmes

---
1. voir *Time Magazine*, mars 2005.

sont toujours bien vivaces[1]. Médias et magazines continuent de nous abreuver de vieux clichés qui prétendent que les filles ne sont «naturellement» pas douées pour les maths, tandis que les garçons auraient une calculatrice dans la tête. Ces discours laissent penser que, dès la naissance, les aptitudes intellectuelles au calcul et au raisonnement abstrait seraient câblées différemment dans le cerveau des filles et des garçons.

Or les progrès des recherches montrent le contraire: le cerveau fabrique sans cesse des nouvelles connexions entre les neurones en fonction de l'apprentissage et de l'expérience vécue. Ces propriétés de «plasticité cérébrale», découvertes il y a une vingtaine d'années, ont révolutionné nos conceptions du fonctionnement du cerveau. Rien n'y est à jamais figé, ni programmé à la naissance. C'est l'interaction avec l'environnement familial, scolaire, social et culturel qui va orienter le développement de certaines aptitudes cognitives, dont celles impliquées dans les mathématiques[2]. Mais tout n'est pas joué pendant l'enfance. À tous les âges de la vie, la plasticité du cerveau permet d'acquérir de nouveaux talents, de changer de centres d'intérêt et même de devenir bon en maths!

---

1. Vidal, C., Benoit-Browaeys, D., *Cerveau, sexe et pouvoir*, Belin, 2005; Vidal, C. *Hommes, femmes: avons-nous le même cerveau?*, Le Pommier, 2007.
2. Vidal, C., *Les filles ont-elles un cerveau fait pour les maths?*, Le Pommier, 2012.

Quand le sens des maths vient aux enfants

Au département de psychologie de Harvard, des chercheurs étudient chez les enfants comment se développent les systèmes cognitifs qui permettent de maîtriser les opérations élémentaires en mathématiques[1]. Le sens des nombres et la perception des relations géométriques apparaissent dès l'âge de six mois. Vers leur deuxième année, les enfants distinguent le singulier du pluriel et apprennent à compter. Ils utilisent des repères géométriques de l'environnement pour s'orienter dans l'espace et trouver leur chemin. Toutes ces capacités s'observent au même titre chez les filles et chez les garçons. Ensuite, entre quatre et cinq ans, les enfants commencent à combiner les différents systèmes de représentation en utilisant le langage pour l'estimation des nombres et de la géométrie. Jusque vers dix ans, les aptitudes au raisonnement mathématique se développent de la même façon chez les deux sexes.

Les ados et les maths

C'est à partir de l'adolescence et chez l'adulte que des écarts de performances en faveur des garçons ont été

---

1. Spelke, E.S., « Sex Differences in Intrinsic Aptitudes for Mathematics and Science ? A Critical Review », *American Psychologist*, 60, 950-958, 2005.

décrits dans certains tests de mathématiques. Dans ces tranches d'âge, il est évidemment impossible de séparer les facteurs biologiques de ceux de l'environnement qui sont susceptibles d'influencer les scores en maths. Les exemples qui suivent montrent que les facteurs socioculturels jouent un rôle majeur dans les résultats scolaires en maths chez les filles et les garçons.

La psychologue Janet Hyde, de l'Université du Wisconsin, suit depuis plus de vingt ans l'évolution des différences entre les sexes dans les performances en mathématiques. Une première grande enquête menée en 1990 aux États-Unis portait sur un échantillon de trois millions d'élèves soumis à une batterie de tests mathématiques standardisés. À tous les niveaux du parcours scolaire, école primaire, collège, lycée, les scores des filles et des garçons n'étaient pas statistiquement différents. La seule exception concernait la résolution de problèmes mathématiques complexes, pour lesquels les garçons étaient meilleurs que les filles, mais uniquement au niveau du lycée. Certains y ont vu la preuve que les filles avaient un cerveau moins performant pour les maths que les garçons. En réalité, ce résultat s'explique par le fait qu'à cette époque, les filles étaient bien moins nombreuses que les garçons à choisir des sections scientifiques et donc moins familiarisées avec les tests de maths.

À partir des années 2000, les filles se sont davantage engagées dans les classes scientifiques. Elles sont désormais aussi nombreuses que les garçons. En 2008, une nouvelle enquête statistique portant sur sept millions d'élèves américains âgés de sept à dix-sept ans montre que cette fois, les filles obtiennent les mêmes résultats que les garçons dans tous les tests de maths, y compris au lycée[1]. Difficile d'imaginer qu'il y ait eu, en moins de deux décennies, une mutation génétique du cerveau des filles qui les rende plus aptes à faire des maths ! En fait, ces résultats sont dus au développement de l'enseignement des sciences et à la mixité croissante des filières scientifiques.

La culture égalitaire et les maths

L'impact du contexte socioculturel sur les performances en maths a été superbement analysé par des chercheurs des universités de Florence et de Chicago[2]. La même batterie de tests mathématiques a été passée par cinq cent mille élèves de quatorze à seize ans dans soixante-neuf pays différents. Globalement, tous pays confondus, on ne trouve pas de différences statistiques entre les sexes. En revanche, il existe une grande variabilité dans les écarts de performance en maths entre les pays. Ces variations ont été corrélées à un index d'émancipation des femmes dans les différents pays basé sur plusieurs critères : scolarisation des filles, place des femmes sur le marché du travail, loi autorisant le

---

1. Hyde, J.S., *et al.*, « Gender Similarities Characterize Math Performance », *Science*, 321, 494-495, 2008.
2. Guiso, L., *et al.*, « Culture, Gender, and Math », *Science*, 320, 1164-1165, 2008.

divorce et l'avortement, espérance de vie, représentation parlementaire des femmes… Les résultats montrent que les écarts de performance en maths en faveur des garçons sont importants dans des pays où l'index d'émancipation des femmes est faible, tels que la Turquie, la Corée, l'Italie. Les écarts sont moindres dans les pays comme le Portugal, la France, la Pologne. En Norvège et en Suède, il n'y a pas de différence entre les sexes. Et en Islande, les filles sont même meilleures en maths que les garçons.

Ces résultats ont également été corrélés avec une analyse du patrimoine génétique des populations des différents pays. L'objectif était de tester l'hypothèse selon laquelle la diversité ethnique liée à l'évolution historique des populations serait à l'origine de la diversité des aptitudes en mathématiques. Aucune corrélation n'a été mise en évidence.

Il ressort de l'ensemble de ces travaux que les performances en mathématiques des filles et des garçons sont étroitement liées à l'environnement culturel, social et économique du pays. Plus le contexte politique est favorable à l'égalité femmes/hommes, plus les filles obtiennent de bons scores en mathématiques.

Plasticité du cerveau et apprentissage des maths

Grâce aux nouvelles techniques d'imagerie cérébrale par IRM, on dispose désormais d'informations jusque-là inaccessibles sur le développement du cerveau et ses capacités d'apprentissage. Les chercheurs ont découvert que la structure intime du tissu cérébral était forgée par l'interaction avec l'environnement. La plasticité cérébrale fait que le cerveau se remanie en fonction de l'apprentissage et des expériences vécues à tous les âges de la vie[1].

Quand le nouveau-né voit le jour, son cerveau compte cent milliards de neurones, qui cessent alors de se multiplier. Cependant la fabrication du cerveau est loin d'être terminée, car les connexions entre les neurones, les synapses, commencent à peine à se former. Seules 10 % d'entre elles sont présentes à la naissance ; les 90 % de connexions restantes vont se construire progressivement au gré des influences de la famille, de l'éducation, de la culture, de la société.

L'IRM en offre l'illustration frappante. Des chercheurs de l'Université d'Istanbul sont partis à la recherche des traces cérébrales de la pratique prolongée des mathématiques[2]. Ils ont sélectionné vingt-six mathématiciens, dix-neuf hommes et sept femmes, ayant en moyenne treize ans d'expérience professionnelle en maths après la licence. Leurs cerveaux ont été comparés à ceux des sujets témoins, médecins et philosophes. L'IRM

---
1. Vidal, C., *Le cerveau évolue-t-il au cours de la vie ?*, Le Pommier, 2009.
2. Aydin, K., *et al.*, « Increased Gray Matter Density in the Parietal Cortex of Mathematicians », *Am J Neuroradiol*, 28, 1859–64, 2007.

a montré chez les mathématiciens des deux sexes un épaississement du cortex cérébral dans les régions pariétales et frontales qui sont mises en jeu dans la manipulation des nombres et la représentation visuelle et spatiale. De plus, ce phénomène d'épaississement est d'autant plus marqué que l'expérience professionnelle en mathématiques est longue. Cette expérience montre comment la pratique des maths contribue à façonner le cerveau, sans discrimination entre les hommes et les femmes.

Une équipe coréenne s'est intéressée aux cerveaux de champions de jeu de go[1], considéré comme la version asiatique du jeu d'échecs. Il fait appel à des capacités d'anticipation et de calcul associées à des représentations spatiales qui sont similaires à celles mises en œuvre en mathématiques. L'expérience a été réalisée chez quatorze hommes et deux femmes, tous joueurs professionnels de haut niveau et pratiquant le jeu de go depuis l'enfance. L'originalité de cette étude en IRM est d'avoir focalisé l'analyse sur la substance blanche cérébrale, c'est-à-dire sur les faisceaux de fibres nerveuses qui connectent entre elles différentes régions du cerveau. Les résultats montrent que chez les joueurs de go, contrairement aux sujets témoins non joueurs, il y a un renforcement des connexions entre les régions

---

1. Lee, B., *et al.*, « White Matter Neuroplastic Changes in Long-term trained Players of the Game of "Baduk"(GO) », *NeuroImage*, 52, 9–19, 2010.

qui sont impliquées dans la mémoire, l'attention et la représentation spatiale. Ce phénomène est proportionnel au nombre d'années de pratique du jeu de go depuis l'enfance.

L'ensemble de ces observations apporte la démonstration que la pratique des maths et d'exercices qui sollicitent des capacités d'abstraction dans les représentations spatiales participe à la construction du cerveau. Tout n'est pas joué dès la petite enfance en matière de développement intellectuel et d'aptitudes aux mathématiques. La bosse des maths n'existe pas, ni chez les garçons, ni chez les filles.

Soutenir scientifiquement une culture de l'égalité

Une avancée majeure des recherches en neurobiologie est d'avoir révélé les extraordinaires capacités de plasticité du cerveau qui se façonne en fonction de l'apprentissage et de l'expérience vécue. Il n'est plus tenable d'invoquer l'argument biologique pour justifier une prétendue supériorité des hommes en maths et en sciences.

Or, les idées reçues sur l'infériorité des filles dans ces disciplines sont toujours bien vivaces. Et au-delà, les conséquences sur la vie sociale ne sont pas anodines. Si nos capacités mentales, nos talents sont inscrits dans la nature biologique de chacun, pourquoi pousser les filles à faire des sciences et les garçons à apprendre des langues ? À quoi bon lutter pour l'égalité des chances entre les hommes et les femmes ? On touche là à un débat de fond sur les principes mêmes de liberté et de démocratie. Dans ce contexte, il est crucial que les biologistes s'engagent au côté des sciences humaines pour forger et diffuser un savoir scientifique de qualité et par là même contribuer à construire une culture de l'égalité entre les femmes et les hommes.

Une équation résolue : démonstration par l'exemple

Autorité en mathématiques financières – domaine qu'elle a créé –, Nicole El Karoui a connu la notoriété depuis la « une » que le Wall Street Journal *lui a consacrée en mars 2006. Le Monde l'a reprise en la baptisant « la boss des maths ». Depuis plus de trente ans, elle forme l'élite française qui se recrute à prix d'or dans les banques du monde entier, les analystes quantitatifs (un « quant » sur trois dans le monde est français). Mère de cinq enfants – deux polytechniciens, deux normaliens et un néphrologue réputé – elle revient pour Armelle Carminati sur cinquante ans de parcours dans le monde des mathématiques.*

■ *D'après votre longue expérience des parcours scientifiques, comment naissent les vocations féminines ?*
Nicole El Karoui : Il y a en France un premier pas décisif : c'est la classe préparatoire. Pour une fille, y entrer demande déjà de dépasser un vrai barrage psychologique et un barrage de la famille, alors qu'intégrer une classe préparatoire bio – Sciences de la Vie et de la Terre – a tout de suite une dimension humaine fort différente, et probablement aussi la réputation d'offrir des débouchés plus variés. Ce qui est complètement faux : en classe préparatoire scientifique, tous les candidats qui se présentent arrivent à intégrer une école. La compétition entre les très grandes écoles est rude,

mais il y a au total plus de places que d'étudiants. Il faut d'abord se convaincre que c'est possible. Au début des années 1960, dans mon lycée de filles à Nancy, nous avons été une promotion exceptionnelle, surentraînées par des professeurs qui ont cru en nous. Six d'entre nous, sur une classe de vingt-quatre, ont intégré l'École normale supérieure de filles de Sèvres, la plus prestigieuse du pays ! Au cours des dix années suivantes, des filles de Nancy ont intégré l'ENS. Or les Nancéennes n'étaient pas devenues meilleures : elles avaient simplement un exemple proche, et crédible, de réussite, pour lever le premier frein.

■ *Le directeur de Centrale Paris a lancé il y a quelques années une étude auprès de lycéens pour comprendre ce que leur évoquent les métiers scientifiques/d'ingénieurs. Il était frappant de voir à quel point l'imaginaire associé – solitaire, asocial, statique – ne faisait envie à personne. Qu'avez-vous pu observer en termes d'aspirations ?*

N.E.K. : Le deuxième frein, en effet, est la représentation de l'ingénieur : s'imaginer professeur, pour 80 % des filles, est la solution de facilité. Quand on entre en classe préparatoire, il n'y a donc que quatre à dix filles pour quarante garçons. J'ai gardé de très bons souvenirs de cette période, mais c'était le challenge permanent : il n'y a pas de place pour « craquer », et on n'imagine pas, ou pas bien, ce qu'on peut devenir… Il est donc difficile de s'accrocher et de se projeter dans l'avenir. Les garçons, eux, y parvenaient : un métier d'ingénieur, de cadre, c'est clair pour un garçon. Mais pour une fille? Aujourd'hui, la grande différence est que filles et garçons ont grandi ensemble. Mais je reste très frappée qu'à l'École polytechnique, on n'ait jamais pu discuter avec les filles de leur avenir professionnel. Pour elles, c'est un non-problème! Or, dans une carrière, il y a des périodes clés, et si on n'y a pas vraiment réfléchi, on le prend en pleine figure.

■ *La société en général, et donc les familles de filles en particulier, n'encouragent pas plus aujourd'hui qu'hier les vocations d'ingénieur: les statistiques montrent que la proportion de filles stagne depuis des années. Qu'en est-il à l'X[1], école à la réputation mondiale, dans laquelle vous enseignez depuis plus de trente ans?*

N.E.K.: À l'École polytechnique, il y a 11 à 12 % de filles et cela patine depuis 1976. Les taux actuels sont plus élevés, parce qu'il y a désormais des étudiants étrangers, dont au moins 30 % d'étudiantes. Mais l'X est encore un endroit où les filles n'ont pas vraiment leur place. L'encadrement est militaire – *light*, mais militaire quand même. Il faut imaginer ce que vivent soixante filles parmi quatre cent quarante garçons! Par ailleurs, la promesse de sortie de «prépa» est la forte valorisation des activités extrascolaires, pour certains plus encore que la vie scientifique: ainsi, une partie de ce qui fait la force des filles – pas nécessairement d'être les plus brillantes, mais simplement de trouver

---

1. Autre nom donné à l'École polytechnique et par extension aux polytechniciens.

normal de travailler – peut se diluer complètement. D'autre part à l'X, la vie collective est faite par le sport. Les logements sont distribués en fonction. Le sport est encadré, s'ils sont compétents, par les militaires, et placé sur les meilleures heures de temps scolaire, de 14 à 16 heures, deux fois par semaine. Quand ils ont fait deux heures de rugby ou 1,5 km de natation, les élèves sont lessivés pour les cours qui suivent. Mais c'est plus important que tout le reste, parce que c'est ce qui va faire la cohésion de l'école et de ce qui se jouera ensuite. Tout cela n'est guère favorable aux filles.

■ *Sous un autre angle peut se poser la question du mode de sélection. Le directeur d'HEC a ainsi recherché les causes du relatif insuccès des filles au concours, où elles se présentent pourtant plus nombreuses que les garçons. On peut même s'interroger sur la pertinence d'organiser des concours séparés… Dans vos filières scientifiques, quel biais de sélection avez-vous observé ?*
N.E.K. : En 1981, Yvette Roudy, alors ministre des Droits de la femme, a voulu une loi d'égalité pour les hommes et les femmes et il a été décidé que le concours d'entrée aux ENS serait mixte. Les Écoles normales supérieures ont été réunies, celles de Fontenay et Saint-Cloud les premières. Ces écoles étaient pluridisciplinaires : en lettres et en biologie, la mixité a été plutôt favorable aux filles ; en physique, légèrement défavorable aux filles ; et en maths, cela a été catastrophique. Il n'y a pratiquement plus jamais eu de filles dans les classes de maths ! Une question s'est imposée : les filles étaient-elles

tellement nulles qu'il était normal qu'elles ne soient pas représentées ? Le discours officiel était qu'elles disparaissaient à la loyale. Mais surtout, le sort des élites n'intéressait guère le ministère. À l'époque, déjà, j'avais dit : « *Il vaut mieux sélectionner les filles à seize ans qu'à dix-huit ou dix-neuf.* » Car à dix-huit ans, les filles ne veulent plus se battre pour une compétition. Le jour où elles commencent à se poser des questions, sur leur place dans la société, l'avenir, les petits copains, etc., elles s'attachent certes encore à bien travailler, et elles vont être très bonnes en classe, mais pas en concours.

■ *Elles ne donnent pas leur maximum ?*
N.E.K. : Dans l'ensemble, les filles rédigent bien en maths. Mais le jour d'une épreuve de concours, il ne faut surtout pas faire cela ! Il faut montrer sur deux ou trois questions qu'on sait bien rédiger, qu'on sait faire des maths « propres », puis sur les autres, surtout, qu'on a des idées. Et aller très vite. Très peu de filles fonctionnent ainsi : il faut qu'elles se fassent violence pour « bâcler ». Or, on réussit bien au concours des grandes écoles en « bâclant ». Et en sachant foncer : il faut comprendre qu'une fois qu'on a balayé un problème, ce qui intéressera le correcteur est de voir si on a des idées pour aborder la suite, même si ce n'est pas parfait. Un autre frein est aussi que, même classée parmi les premières, pendant les deux années de classe préparatoire, les professeurs leur expliquent qu'elles sont nulles. L'érosion de l'estime de soi est très fréquente, et s'y ajoute le fait que l'entourage des filles supporte modérément ce choix.

■ *Et hors du métier d'ingénieur, dans les filières de la recherche scientifique, comment se récompense le talent ? Promotion, budgets de recherche, grands prix, presse ?*

N.E.K. : Le summum est la médaille Fields, équivalent des prix Nobel, distribuée une fois tous les quatre ans à des candidats qui ont moins de quarante ans : on est donc éligible deux ou trois fois au maximum. C'est rédhibitoire pour les femmes, car au moment de chaque maternité, les filles perdent l'équivalent de trois à quatre ans en termes de production. La recherche mathématique bouge très vite : si on s'arrête six mois, on a le plus grand mal à rattraper. Non que le paysage ne soit plus du tout le même, mais les choses sur lesquelles vous travailliez ont pu être continuées par d'autres. Et dans ce cas, ce n'est pas comptabilisé pour vous – même si on sait que c'était votre travail. Aujourd'hui, Internet réduit un peu la distance. Mais il reste vraiment difficile de récupérer. Je l'ai vécu, en ayant cinq enfants (en dix-sept ans)…

■ *Comment expliquez-vous les réussites féminines, comme la vôtre ? Peut-on tenter un parallèle avec le monde des affaires, où souvent les réussites de femmes se jouent aux rares endroits où les places n'ont pas été prises, ou aux interfaces où le pouvoir n'est pas encore balisé ?*

N.E.K. : En effet. Pour ma part, j'ai toujours fait des maths appliquées, au plus grand mépris de l'*establishment* de la rue d'Ulm, dont l'idéologie est très prégnante, car s'appuyant sur un succès, avéré d'ailleurs : ils fournissent en masse l'élite des professeurs et des parcours réussis. Dans mon domaine, en probabilités, on retrouvait les X et les femmes. Pourquoi les X ? Parce qu'ils font moins de maths pures. Et pourquoi les femmes ? Parce qu'elles voient ce qu'elles ont déjà vécu pendant qu'elles étaient à l'École normale, et savent qu'ailleurs il faudrait se battre tout le temps pour être reconnues.

■ *Et dans le monde de la finance ? Vocation, performance, débouchés sont-ils les mêmes pour tous ?*
N.E.K. : Pour la performance à l'école, il n'y a pas de différence. À l'X, cette filière a eu plusieurs fois une part importante de la tête de promo, dont des filles. À la sortie en revanche, c'est très différent. Le *trading* n'est certes pas très bien vu aujourd'hui, mais c'est un métier qui recrute et paye bien. Cependant, on y travaille beaucoup ; or, le problème des filles n'est pas la quantité de travail, mais l'immense disponibilité demandée. On les retrouve donc dans les fonctions support, du côté des risques, qui peuvent être très techniques mais sont plus compatibles avec une absence de quelques mois en raison de l'arrivée d'un bébé, car en salle des marchés, s'arrêter six mois est rédhibitoire. On les retrouve aussi dans les secteurs (assurance, banque) où elles sont mieux protégées.

■ *Lorsqu'on évoque le talent se pose la question du « génie ». Quelles en sont les clés ? Est-ce plus propice aux hommes qu'aux femmes ?*

N.E.K. : Je n'en sais rien sur le fond, mais ce que j'observe est que le génie *éclôt*; il ne sort pas de n'importe où. Les génies mathématiques sont là où il y a une école très vivante, des groupes très actifs, un bon terreau. Vu de loin, cela paraît souvent spectaculaire. Vu de près, c'est souvent assez peu de chose. Le plus souvent, c'est un regard différent, qui est nourri de ce qui a précédé. J'ai toujours été frappée de voir que changer juste le nom de ce qu'on faisait modifiait la manière de s'y prendre, ouvrait un nouveau champ de possibles… Mais seuls quelques-uns, souvent très jeunes, se lancent vraiment dans le vide, et ils sont très rares.

■ *Cela ne requiert-il pas beaucoup de liberté, d'affranchissement, de lâcher prise et de confiance ?*

N.E.K. : Oui. Mais les femmes ne sont pas assez prêtes à lâcher la réalité. C'est leur principal handicap. Le quotidien les rattrape : on peut s'envoler tant qu'on veut, quand on rentre chez soi, il est là. Cela fait une vraie différence. Quant à la confiance, elle est d'une importance stratégique. En recherche, on ne travaille pas seul, comme en classe « prépa ». Être sûr de soi est la clé, et l'on perd beaucoup de femmes sur cet écueil. Si elles ne sont pas sensibilisées – il y a des périodes charnières dans leur vie –, souvent « capituler » est la solution de facilité. Ce n'est pas un jugement de valeur, mais leur retrait converge vers ce qu'on attend d'une mère. Par ailleurs, comme l'une des caractéristiques de la recherche en maths est qu'on sèche plus souvent qu'on ne trouve, parfois une dimension d'enseignement donne un peu d'assurance, de satisfaction quotidienne. Mais c'est à double tranchant : comment arriver alors à faire de la recherche avec une autre vraie charge fixe ?

■ *Le paradoxe est cette opposition entre la démarche scientifique qui est, en grande partie, l'école du doute, et ce que vous décrivez comme étant une culture pétrie de certitudes, de codes, etc. Comment cela cohabite-t-il ? Et que se passe-t-il pour les femmes ?*
N.E.K. : En fait, les maths sont une position très instable. On vous explique que si vous êtes bon en maths, c'est surtout grâce à l'art de se poser les bonnes questions. Les résoudre n'impressionne personne. Or on peut passer plusieurs années à résoudre une question. Mais la logique de doute est très instable. Et on a donc beaucoup de gens un peu fragiles. Alors créer des certitudes autour de ce que sont de vraies maths, de fausses maths… C'est comme si le groupe mettait des sortes de piliers – même s'il en change. Au fond, il y a besoin de se rassurer, et les femmes là-dedans sont très fragilisées.

■ *Comment se fait-il que les femmes qui sont éduquées et lancées sur le marché en n'étant pas pétries de certitudes n'arrivent pas à traverser cela de façon puissante, puisqu'elles sont à l'aise avec le doute ?*
N.E.K. : C'est quand même un doute presque manichéen sur les objets. En même temps, il faut accepter de

pouvoir bloquer. Après ma thèse, nous avons séché un an sur un problème ! Un an à jeter les papiers à la poubelle tous les soirs. J'avais deux enfants, dont l'un était tout le temps malade. C'est la seule fois où je me suis dit que j'étais dingue. Le problème que nous regardions était difficile, on le savait bien. Nous pouvions prendre le temps de le considérer, car nous venions de passer notre habilitation ; il n'y avait plus d'enjeu autour de cela. Les garçons ne se posent pas ces questions, mais le problème est que les femmes se posent toujours la question de savoir si elles aboutiront. Cette force de rappel peut être très difficile.

■ *C'est un tel déséquilibre que de pratiquer cette discipline ?*

N.E.K. : Oui. Au fond, je n'arrive pas à me prendre très au sérieux. J'adore ça, c'est ce qui me fait vibrer, mais ça ne fait pas un équilibre. En revanche, après un week-end avec cinq enfants à la maison, j'étais contente de retrouver le labo ! Quand mes deux aînés étaient à la crèche et que la réunion durait au-delà de six heures, je n'avais pas d'autre choix que de partir avant la fin… En 1988, quand j'ai commencé la finance, j'avais quarante-cinq ans, tous les enfants à la maison. C'était moins la course, car les grands pouvaient aider les petits. Avec le temps, en avançant en âge et donc dans sa carrière, on peut retrouver davantage d'espace. Peut-être le rappeler aux jeunes femmes les aiderait-il à ne pas capituler professionnellement ?

CHAPITRE 11

Le prix du pouvoir : la santé qu'on y laisse

FATMA BOUVET DE LA MAISONNEUVE

La question de la parité est une arlésienne : elle va et vient au gré d'actualités plus ou moins tragiques, et n'est toujours abordée dans le débat public qu'à travers des prismes législatifs ou administratifs. Or, la vie des femmes dont nous, psychiatres, avons le récit intime tous les jours, montre bien que l'amélioration de la situation passe par la prise en compte d'autres dimensions. Au-delà d'un « mille-feuille » législatif à la portée limitée, ce sont les mentalités qui ont du mal à évoluer. En réponse, il nous faut aborder les aspects médicaux et psychologiques de la question.

Nous ne disposons actuellement que de quelques résultats décrivant l'état de santé des femmes au travail. Face à cela, nous avons une vue assez précise du contexte environnemental peu favorable dans lequel elles évoluent. Il arrive donc que dans leur parcours, ces femmes décrochent et demandent de l'aide.

Ma démarche consiste ainsi depuis un certain temps à établir un lien entre les tableaux cliniques que j'observe dans mes consultations et le contexte socioprofessionnel en France. À celles qui vivent ces difficultés, il paraît évident, mais vraisemblablement pas aux décideurs. Et pourtant cette souffrance a un coût. Car si les femmes vont mal, c'est toute une société qui se déséquilibre.

Santé des individus et santé de l'économie vont de pair

Il est donc urgent de rajouter cet aspect à la réflexion sur l'égalité hommes/femmes dans la France d'aujourd'hui. Mais en temps de crise économique, la santé n'est pas vue comme une priorité pour les dirigeants. Que dire lorsqu'il s'agit de s'intéresser plus particulièrement aux femmes (encore elles!)? Malgré l'obligation légale des entreprises à mettre en place des plans de prévention en risques psychosociaux grâce à la loi Darcos[1], il faut bien reconnaître que cette mesure n'est pas généralisée ou est encore superficiellement appliquée. Notre travail à nous, médecins, est de leur faire définitivement intégrer qu'une société en bonne santé économique est une société en bonne santé tout court. Hélas, la compréhension tarde à venir.

Il s'agit de sensibiliser les dirigeants afin qu'ils s'emparent de cette question comme d'une priorité, car des femmes

---

1. Circulaire DGT n° 08 du 28 octobre 2011 relative aux accords et plans d'action en faveur de la prévention de la pénibilité prévus à l'article L. 138-29 du Code de la Sécurité sociale.

en bonne santé dans l'entreprise sont des femmes performantes et fidèles à l'employeur. Les Américains l'ont compris, eux qui encouragent l'embauche des mères de familles : elles s'investissent pleinement, sont performantes et leur présence ne relève pas du « présentéisme », puisqu'elles dédient leur temps de travail uniquement à leur mission afin de rentrer retrouver leurs enfants. Voilà comment un argument économique peut satisfaire en partie une préoccupation de parité réelle.

De quels nouveaux troubles les femmes actives souffrent-elles ?

Aujourd'hui, l'essentiel de la souffrance au travail est plus psychologique que physique, du fait de l'évolution des techniques et des métiers. Que nous montrent les rares résultats dont nous disposons sur ces troubles psychiques ?

D'abord, que la France semble être le pays européen où le milieu professionnel est le plus péjoratif et est à l'origine de mal-être au travail. En effet, une étude régionale a montré que 20 % des salariés se dopaient (tous produits confondus) pour aller au travail[1]. Une autre étude,

---

1. M. Balette, « La place de la médecine du travail », in *La lettre du Psychiatre*, vol. V, n° 12, p. 13, Edimark Santé. Citée dans l'étude de Lapeyre Mestre M., « Étude pharmaco-épidémiologique sur la consommation des psychotropes en Midi-Pyrénées en 2006 », in *Travail & Sécurité*, INRS.

nationale celle-ci, a montré que 10 % des travailleurs prenaient des drogues illicites, pour « tenir le coup »[1].

Regardons à présent la répartition par sexe. Nous constatons que 37 % des femmes contre 24 % des hommes disent souffrir d'un mal-être au travail[2]. Si les hommes parviennent plus souvent à leur objectif tragique, les femmes font deux fois plus de tentatives de suicide que les hommes. En ce qui concerne la consommation de produits, les femmes abusent deux fois plus des médicaments. De plus, plus elles sont instruites et ont des responsabilités managériales, plus elles consomment d'alcool.

Par ailleurs, on estime à trois femmes pour deux hommes le taux de *burn-out* (surmenage professionnel)[3]. Différents témoignages convergent vers le fait que ce trouble se déclarerait le plus souvent à la suite de la naissance du troisième enfant et serait à l'origine de la suspension de l'exercice du métier de la femme concernée. Par ailleurs, les femmes sont deux fois plus harcelées moralement que les hommes, et ce souvent en raison de leur féminité et de ses supposés : manque de disponibilité due aux enfants, hyperémotivité, incapacité à gérer leur stress, etc.

Les femmes se surinvestissent au travail sans reconnaissance en retour, ce qui entretient un manque de confiance en

---

1. Source : sondage IFOP 2010.
2. Fatma Bouvet de la Maisonneuve, *Les femmes face à l'alcool*, éd. Odile Jacob, 2010.
3. Du même auteur, *Le Choix des femmes*, éd. Odile Jacob, 2011.

elles et le sentiment récurrent d'illégitimité. Une des conséquences qui en découlent est cette difficulté à demander une promotion salariale ou professionnelle[1]. Elles sont 7 %, contre 15 % des hommes, à demander une promotion par an, et seulement 13 %, contre 23 % des hommes, à obtenir une augmentation salariale – qu'elles demandent d'ailleurs souvent moins. Elles jugent en effet que cela ne sert à rien (25 %) et estiment qu'il vaut mieux changer d'emploi pour obtenir quelque chose par sentiment d'illégitimité et par crainte d'affronter la hiérarchie. Le nœud de cette tension psychologique résiderait, pour 85 % des Françaises, dans la difficulté de concilier la vie professionnelle et la vie privée.

Des impacts importants aux périodes charnières

Les périodes biologiquement charnières pour les femmes, comme la grossesse et la maternité, sont souvent à l'origine de troubles psychologiques, surtout lorsque le contexte est hostile. Même si la loi protège les futures mères, de récents événements qui ont touché des avocates ont montré que la discrimination des femmes enceintes était fréquente. Un rapport de la Halde (Haute autorité de lutte contre les discriminations et pour l'égalité) daté de 2009 le confirme aussi[2]. Cette discrimination est sou-

---

1. *Op. cit.*
2. Source : rapport annuel 2009, Louis Schweitzer, La Documentation Française, mars 2010.

vent tue et vécue comme « normale », puisque banalisée. Reste qu'elle est à l'origine de frustrations fortes et de nombreux types de décompensations psychologiques.

Un phénomène récent surgit dans nos cabinets : la solitude des femmes et le retard de maternité souvent dû à un fort investissement professionnel aux dépens de la vie privée, précisément en période de fécondité. Les conséquences sont multiples : le désespoir de ne pas encore être mère, la recherche effrénée d'un géniteur quitte à bénéficier d'un don de sperme à l'étranger, puis la culpabilité d'avoir fait un enfant toute seule et inévitablement l'épuisement qui en découle. Un peu plus tard, ce sont les troubles en lien avec la ménopause qui peuvent apparaître. Pourtant admis par la pensée populaire, ils sont paradoxalement peu considérés par le monde du travail.

Ce qu'il est important de retenir ici, c'est que ces troubles concernent toutes les catégories de la population des femmes actives. Or, celles que nous examinons le plus souvent sont celles qui ont des responsabilités professionnelles importantes. Est-ce parce qu'elles ont malgré tout le temps, par rapport aux autres, de consulter ? Est-ce parce qu'elles perçoivent plus volontiers la dimension psychologique de leur souffrance lorsque d'autres parlent davantage de fatigue chronique et s'en tiennent à la seule dimension somatique ? Il est certain que de nombreux biais, y compris celui des moyens d'accès à la médecine, entrent ici en considération. Toujours est-il que l'accès des femmes au pouvoir leur coûte très cher.

Des solutions individuelles et collectives existent...

Il ne s'agit pas ici d'écarter la réalité en refusant de faire l'inventaire des disparités hommes/femmes. Pour autant, il est manifeste que des solutions existent, puisqu'elles sont appliquées ailleurs et avec succès. Le but de cette réflexion est précisément de proposer des pistes pour un environnement professionnel favorable à une meilleure santé psychologique des femmes en France.

Pour remédier à ces constats, deux approches sont à mon sens complémentaires et indissociables : l'approche individuelle, qui relève de notre métier de médecin, et l'approche collective, qui relève des responsables des organisations professionnelles.

La prise en charge individuelle se résume à un « travail sur la confiance en soi » et sur la « culpabilité » qui handicape les femmes. Ce qui nous mène inéluctablement à la capacité d'exprimer son désir. Sans aucun doute, le désir des femmes fait encore souvent peur : il faut donc apprivoiser ceux qui le craignent. Elles doivent apprendre à exprimer leurs avis tranquillement et sans crainte.

Outre cette méthode qui consiste en un seul soutien psychologique, il arrive parfois que les tableaux nécessitent un traitement médicamenteux, voire une hospitalisation. Certaines femmes décompensent, parce qu'elles tentent de se mettre au diapason d'un milieu qui n'a jamais compté avec leurs spécificités biologiques ni psychologiques. Nombre d'entre elles exprime très clairement une sorte d'ambiguïté identitaire : comment faire l'homme pour y arriver alors que je suis une femme ? Elles en font alors deux fois plus et cherchent à être parfaites sur tous les registres. C'est pourquoi une partie du travail consiste à apprendre à lâcher prise, à dire non, à prendre la parole et rompre le silence et enfin à apprendre à se faire du bien.

Quant aux solutions collectives, elles sont nombreuses et d'autres restent à inventer. La méthode devra relever de la pédagogie : comment sont les femmes et comment repérer les souffrances ? Les dispositifs à utiliser se doivent d'être personnalisés et de se fonder sur la notion de proximité. Les managers que j'ai interrogés ne croient plus aux programmes à grande échelle sous forme de questionnaires, de baromètres ou autres cartographies des souffrances qui ne laissent aucune place au dialogue et à la dimension relationnelle, cruellement déficiente aujourd'hui. La nécessité de communiquer une information a pris le pas sur le lien humain. Pourtant, parler permet non seulement d'échanger, mais aussi et surtout de renouer avec le plaisir de travailler et avec une certaine capacité à créer. On regrette aujourd'hui les ateliers de paroles des années 1990, où l'on discutait de ses difficultés et de ses pratiques, et desquels ressortaient des issues concrètes.

Les femmes en particulier réclament ces lieux d'échanges. Elles y discuteraient de leurs problématiques spécifiques, peu verbalisées. Le tabou reste lourd autour de l'évidente intrusion de la vie privée dans la sphère professionnelle : comment ne pas être épuisées si les femmes demeurent responsables de 80 % des tâches domestiques, quel que soit leur métier ? Or, le monde professionnel actuel, désuet, reste sourd à l'évolution de la société : féminisation de l'emploi, nouveaux critères de vie. Si près de 82 % des femmes travaillent et participent à la croissance économique de la France, il faut prendre la féminité au sérieux et la repenser dans toutes ses dimensions. Les femmes ne sont effectivement pas des hommes, mais elles n'en sont pas moins leurs égales. La gestion des femmes doit valoriser leur choix et leur rôle.

Des impulsions à donner « d'en haut »

Rien ne peut commencer sans un travail de conviction des dirigeants, afin qu'ils se saisissent eux-mêmes du sujet, mais aussi qu'ils donnent le ton au reste de l'entreprise en étant un modèle : en cooptant des femmes, mères de familles, dans le comité de direction par exemple.

Ce travail de sensibilisation dont dépendra sans aucun doute un bon environnement, mais aussi la performance des salariés, ne doit écarter personne. La culture et les spécificités des métiers de l'entreprise détermineront les modalités de mise en œuvre de tels programmes, après un état des lieux sur la santé psychique des femmes. D'où part-on ? Quels sont les métiers les plus concernés ? Mieux situer le contexte politique en termes de parité permettra d'identifier les freins et les moteurs. Nous disposons aujourd'hui d'indicateurs de souffrance – absentéisme, consultations répétées auprès des professionnels de santé de l'organisation professionnelle – qui permettent une évaluation rigoureuse de l'état de santé d'une entreprise. Je suis convaincue de la nécessité d'une approche multidisciplinaire : implication des DRH, managers, médecins du travail, CHSCT, et autres intervenants concernés. Les éléments contextuels essentiels, les facteurs de risques et les complications, ainsi que les populations les plus concernées – on sait que certains postes sont plus critiques que d'autres pour les femmes – permettront d'ébaucher des pistes pour des solutions concrètes et adaptées. Le *benchmarking* montrera des expériences réussies comme en Scandinavie, souvent citée en ce domaine. C'est tout ce travail de fond qu'on pourrait appeler le « bon usage de la parité ». Il semble en effet que les managers ne puissent plus faire l'économie d'une formation à la dimension psychique des individus avec lesquels ils interagissent tous les jours, et devraient même être sensibilisés à certaines questions spécifiquement féminines. Sans transformer, bien sûr, les managers en experts du mal-être au travail, une meilleure appréhension de la souffrance humaine devrait figurer dans la formation des dirigeants – sans toutefois imposer, non plus, une forme de police sanitaire, car l'activité des travailleurs est aussi accompagnée de prise de risques et de ses répercussions.

Nouveaux troubles psychiques des femmes actives

Corollaires à leurs prises de position(s) et de pouvoir(s) dans la sphère professionnelle, les souffrances physiques et psychologiques liées au travail atteignent désormais aussi les femmes. Au travers du regard de leur médecin, rencontre avec quatre de ces «victimes du surmenage».

Anne et le burn-out

Anne, cinquante ans, mariée, mère de trois enfants, dirige une agence de communication et souffre de fatigue chronique depuis près d'un an. La crise économique a eu raison de sa réussite professionnelle pourtant reconnue de tous : les grosses boîtes internationales raflent tous les marchés. Anne se refuse à baisser les bras, à vendre son entreprise, à abdiquer. Elle travaille nuit et jour pour changer son approche et ses produits. Elle court dîners et séminaires pour enrichir son carnet d'adresses, veille en parallèle à l'excellence scolaire de ses enfants, à la tenue de son foyer ainsi qu'au maintien du niveau de vie familiale – son mari, absent, indifférent, attend une imminente retraite. À l'entreprise d'Anne s'ajoutent ainsi les enfants, un mari, un chalet en montagne, un appartement dans le Sud, un appartement à Paris. Le *leur*, magnifique.

Portant tout cela sur les épaules, elle a commencé par abuser du café, puis de la vitamine C tous les matins. Ces signes avant-coureurs de *burn-out*, ou surmenage professionnel, elle ne les a pas reconnus. C'est pourtant à ce stade qu'il aurait fallu arrêter la machine. Dans sa course, Anne n'a pas vu sa propre souffrance. Au contraire, elle s'est battue encore plus, s'est surinvestie pour prouver qu'elle tenait le coup. Qu'elle le *pouvait*. Alors sont arrivés la fatigue, les troubles d'un sommeil non récupérateur, la perte d'appétit, l'amaigrissement et les tranquillisants. Le soir, pour dormir. Trop de tranquillisants, qui l'ont finalement conduite à consulter. Face à l'indifférence de tous, voire à la sollicitation croissante de tous – enfants exigeants, collaborateurs habitués à l'hyperactivité de cette « maîtresse femme », – elle aurait aussi bien pu rester prisonnière de l'image que tous lui renvoyaient d'elle-même et l'empêchaient de se voir telle qu'elle était vraiment : épuisée, ne ressentant qu'indifférence et dépression. Anne a fait la seule chose envisageable à ce stade : s'arrêter et demander de l'aide.

Quelques messages importants : cesser de croire que son état était normal ; cesser de se conformer à l'idée communément véhiculée selon laquelle, si une femme travaille et a des enfants, elle est obligatoirement fatiguée et déprimée ; cesser de se persuader que certaines ont la capacité de tout réaliser de façon parfaite – la perfection est inatteignable quand l'imperfection, elle, est normale. Certaines femmes viennent parfois consulter dans un état qui nécessite une hospitalisation, annonce souvent mal vécue par celles qui continuent de vouloir coûte que coûte accomplir tout ce qu'elles ont à faire. Ne jamais oublier qu'il n'y a aucune honte à demande de l'aide, quel que soit son statut social ou ses responsabilités. Anne en témoigne, heureusement.

Laure et la maternité

Laure, quarante ans, directrice juridique, ni enfant ni conjoint jusqu'ici, a toujours été brillante, réussissant sans peine tout ce qu'elle entreprenait. « *Les études avant tout* », disaient ses parents, eux-mêmes ayant un très haut niveau d'instruction. Sa vie affective ? Elle la considère comme secondaire et dit avoir peur de l'engagement. Sa vie sociale ? Elle a très peu d'amis, qu'elle voit rarement puisqu'elle reste tard au bureau et travaille le week-end. Elle accepte que l'équipe se décharge sur elle des surcroîts de travail, car elle privilégie sa vie professionnelle au détriment de sa vie privée. « *On me disait qu'il y avait des étapes à réaliser pour arriver* », confesse-t-elle. Reste que la reconnaissance de son investissement professionnel ne vient pas, au contraire ; le service juridique, toujours sollicité pour dénouer les situations difficiles, est souvent tenu pour responsable de tous les échecs. Sa contribution à l'entreprise n'est évoquée qu'au travers de ses insuccès.

Laure n'a qu'une seule soupape : sa famille – et encore craint-elle leurs rencontres, trop ponctuées de sous-entendus sur son célibat, la renvoyant à sa solitude. Laure a perdu le sens du contact, ne sait plus aller vers les autres. Elle finit par penser qu'ils interpréteraient sa réserve comme du mépris ou de l'indifférence. Jamais personne ne lui propose de déjeuner : pour qu'on ne la voie pas seule à table, elle s'échappe en catimini dès 11 h 30 à la cantine, mange en dix minutes, puis regagne son bureau et travaille jusqu'au soir, feignant de n'avoir pu faire une pause le midi.

Quand elle ne travaille pas, Laure a pourtant un rêve : depuis près de dix ans, elle veut avoir un enfant. C'est presque devenu une obsession. Les rares aventures amoureuses qu'elle a eues n'ont pas été concluantes, mais elle a entendu parler de réseaux d'hommes qui acceptent de faire des enfants à des femmes comme elle. Peu lui importent leurs raisons, leur contrepartie. Elle essaie, se mettant même en danger, en ne se renseignant pas sur les sérologies, en risquant de rencontrer des hommes violents. En vain. Alors qu'elle entreprend des démarches pour un don de sperme, elle fait une rencontre. Un homme qui lui plaît bien, avec lequel elle vit une relation qui dure un peu. Laure parle rapidement de mariage et d'enfants. C'était trop rapide pour lui. Il prend peur, mais ne part pas. Laure arrête la pilule, sentant que leur relation se délite. Elle tombe enceinte contre sa volonté à lui ; furieux, il la quitte.

Aujourd'hui, Laure est mère d'un bébé qu'elle élève toute seule, avec une nourrice à domicile. Elle se bat pour exercer son métier comme avant sa grossesse, c'est-à-dire pleinement. Pas question de prendre un temps partiel. Cependant, passer plus de temps avec son enfant est devenu un besoin vital. Constatant qu'elle ne peut tout mener de front à la perfection, Laure déprime.

Sophie et le harcèlement

Sophie, quarante-neuf ans, mariée, mère de trois enfants, travaille dans l'audiovisuel. Elle dirigeait une équipe de dix personnes à ses débuts, puis, au fil des restructurations, son équipe s'est réduite comme peau de chagrin. Sophie connaît bien son métier, qu'elle a toujours exercé avec la reconnaissance de ses supérieurs et de ses collaborateurs. Mais aux restructurations s'est ajoutée une succession de nouveaux chefs, dont la dernière en date a été à l'origine des problèmes qui l'ont conduite à consulter. Sophie a très mal vécu les différents plans qui consistaient précisément à licencier certains membres de son équipe. Elle est scrupuleuse, humaine et ne supporte pas l'injustice, des qualités considérées aujourd'hui comme des défauts, puisqu'il lui est demandé de jouer un rôle plus politique que technique. Ce dont elle se sent incapable. Sophie sait manager, motiver les gens, monter des projets. En revanche, se désavouer, mentir ou changer d'avis d'une minute à l'autre pour contenter les dirigeants, elle ne sait pas faire.

Sa façon d'être n'est pas non plus du goût de sa patronne, qui estime que laisser Sophie à ce poste est une faute de recrutement à corriger sans délai. Ce qu'elle fait : « *La définition de votre poste a changé. Vous n'êtes plus faites pour cela, vous êtes trop affective. Désormais, il faut un politique qui n'a pas de scrupule.* » Sophie se voit retirer certaines missions, que sa supérieure prend en charge ou confie à des collaborateurs plus jeunes, désavouant au passage les méthodes de travail « passéistes » de Sophie. La direction trouve une solution, plaçant Sophie à un poste « spécialement conçu » pour elle : elle ne changera pas de responsable, mais ne travaillera plus en direct avec elle. Elle ne mènera d'ailleurs aucun projet depuis ce nouveau placard doré. Sophie s'accroche, rate la porte de sortie qui commençait à s'entrouvrir, refuse de lâcher. D'ailleurs à son âge, même si sa réputation professionnelle est faite, personne ne voudrait la recruter. Entre deux humiliations, elle choisit celle de rester. La suite : isolement, négligence, propos disqualifiants insidieusement distillés dans les couloirs afin qu'ils reviennent à ses oreilles. Sophie en perd le sommeil, a « la boule au ventre » en allant travailler le matin, craint sa chef tout en restant à l'affût de ses moindres gestes : quelle attitude va-t-elle avoir à son égard aujourd'hui ?

Cette obsession l'a épuisée psychiquement. Harcelée par sa supérieure, se sentant coupable, Sophie en est venue à consulter.

Florence et l'alcoolisme

Florence, quarante-cinq ans, médecin, est divorcée et mère de deux enfants. Son ex-mari l'a toujours trompée. Pour se venger, elle a aussi fait quelques incartades sexuelles sans véritablement aimer ces hommes d'un soir. Elle est longtemps restée très attachée à son mari, malgré la distance qu'il a d'emblée instaurée dans leur couple, sans lui être d'aucune aide pratique par ailleurs, travaillant de façon intermittente, montant des projets faramineux qui n'aboutissaient jamais. « *C'est un artiste, vous ne comprenez pas* », répond Florence à ses parents qui s'inquiètent de l'avenir de leur fille et de leurs petits-enfants. Florence, pour préserver un certain niveau de vie et oublier la tension qui règne dans cette maison imprégnée d'infidélité et de non-dits, travaille sans relâche, parfois tard le soir.

Puis elle se met à consommer de l'alcool. Avant d'avoir les enfants, c'est d'abord la crainte de retrouver son mari qui la pousse à boire à son cabinet avant de rentrer. Elle pense que cela lui donnera des forces. Ensuite, ce sont les enfants et l'attention qu'ils nécessitent qui aggravent ses alcoolisations. Dès son retour du travail, elle se remplit un verre de vin qu'elle cache derrière le robot de la cuisine et s'attelle à ses devoirs de mère, ponctuant régulièrement ses tâches de conséquentes gorgées, jusqu'à l'ivresse. Depuis toujours, les absences de son mari sont très fréquentes – lui aussi d'ailleurs rentre parfois alcoolisé, revenant d'entre les bras d'une de ses maîtresses ou d'une soirée au bar entre copains. Alors, Florence n'en boit que davantage pour oublier. Il la trouve souvent couchée sur le canapé, assommée par l'alcool et les médicaments. Pour la réveiller, il la brutalise, l'humilie : « *Regarde-toi ! Après tu te demandes pourquoi je ne veux plus de toi ! Tu es lamentable…* » Dans son demi-sommeil, Florence reçoit ses mots comme une lame lacérant une fois de plus sa poitrine. Et se réveille le lendemain avant lui, pleine de culpabilité d'avoir bu, mais engourdie par la violence subie la veille. Courage : elle doit faire bonne figure, ses patients l'attendent. Elle doit tenir le coup, c'est son objectif primordial de la journée. Elle se détendra ce soir avec un peu de vin, mais juste un peu cette fois.

À ce stade de sa maladie, Anne commence à douter et consulte. « *Est-ce que je suis malade docteur ? À partir de quand dit-on qu'on est alcoolique ? Mon couple va mal, il n'a jamais été bien. Maintenant que les enfants grandissent et qu'il faut que je supervise leurs devoirs, je bois encore plus avant de rentrer à la maison. Je crois que je suis maso.* » Peut-être Anne ne trouvera-t-elle pas tout de suite les bonnes réponses. Au moins se pose-t-elle de bonnes questions.

Un changement bénéfique à tous

En ce qui concerne les femmes, il reste tant à réaliser. En tout premier lieu, les encourager à prendre la parole afin d'exprimer leurs volontés. Une institution où la parole circule est forcément un lieu du mieux-être puisqu'il devient possible de verbaliser ce que l'on ressent. Tout naturellement, s'instaurera alors, grâce au dialogue, plus d'attention aux collègues en difficulté et plus de solidarité.

Puisque la maternité semble être le lieu de cristallisation des difficultés, évoquons ici ce que demandent le plus fréquemment les femmes, outre les aspects salariaux et administratifs bien connus : l'aménagement du temps de travail ou le télétravail, lorsque les enfants sont en bas âge, et des lieux spécifiques pour tirer le lait, un concept qui reviendrait à épargner un temps de carrière pour ne pas infléchir sa progression du fait de la maternité. Sur le plan psychologique, apprendre et accepter qu'une femme puisse gérer des situations et des équipes différemment qu'un homme. Que l'expression de leurs émotions ne soit pas la même ne signifie pas qu'elles sont moins performantes ou efficaces. Combien de femmes se sont entendu dire : « *Tu es trop passionnée pour prendre ce poste, tu ne sais pas prendre tes distances*» ou alors, «*habillée comme ça, tu vas tous nous les exciter*» (*sic*)? Ce qui nous ramène à la question du changement des mentalités, et, clairement, le milieu professionnel peut aussi jouer un rôle éducatif.

Plus instruites que les hommes, les femmes sont aussi, parfois plus, compétentes qu'eux. Mais les inégalités de traitement entre hommes et femmes en matière de rémunération et d'accès aux responsabilités demeurent. Elles s'investissent davantage au travail, au prix de leur bien-être physique et mental. Mais le cumul des responsabilités et le partage à leurs dépens des tâches domestiques leur rendent difficile le fait de mener de pair vie professionnelle et vie privée. Pour résoudre ces paradoxes, travailler l'aspect législatif est insuffisant: il faut aborder la question essentielle de la place de la féminité dans toutes ses dimensions. Or, le monde du travail ne s'est adapté ni à la psychologie, ni à la biologie des femmes, ni enfin à leur système de valeurs. Il ne compte pas non plus avec le changement d'état d'esprit de certains hommes plutôt jeunes qui, comme nous le voyons de plus en plus, sont discriminés parce qu'ils désirent consacrer un temps raisonnable à leur vie privée. Il est très probable que de nombreux hommes tireront bénéfice de ce travail sur le bien-être des femmes dans l'environnement professionnel. Certains parlent de féminisation de la société. Pourquoi pas, si cela est facteur d'épanouissement et de réalisation personnelle pour tous?

La question du genre, au cœur de l'avenir des sexes ?

Son métier : projeter. Architecte, Olivia Chaumont est professionnellement en prise perpétuelle avec l'avenir. Une orientation intellectuelle qu'elle enrichit d'une expérience personnelle rare : celle d'avoir été homme, puis femme. Si l'appréhension du pouvoir est innée, comment se traduit-elle en tant que tel ou telle ? Si elle ne l'est pas, qu'est-ce qui est donné ou reconnu, conquis ou subi ? Olivia Chaumont a accepté de nourrir de son vécu une réflexion sur cette problématique, plaçant en son centre la question du genre. Des propos recueillis par Armelle Carminati.

■ *Vous apportez un éclairage particulier – avec les yeux de l'architecte – sur les codes liés au genre. Pouvez-vous nous préciser comment vous le définissez ?*
Olivia Chaumont: La question du genre dans la société va devenir de plus en plus présente. Cette notion a toujours existé, de façon catégorisée – des hommes, des femmes –, mais il est désormais possible de passer les frontières du genre. Soit de façon définitive, comme je l'ai fait, ou de façon temporaire. Je pense que la construction du genre est le primat de la question du pouvoir – et je dis bien la construction du genre, contrairement au sexe, qui est donné par la génétique. Le genre s'est construit initialement sur des éléments physiques différents attribués à l'homme – la force – et à la femme – la séduction. Ce sont deux caractéristiques qui distinguaient vraiment

un groupe de l'autre. La force s'est approprié un certain rôle : la chasse, la défense du territoire, etc. La séduction : l'enfantement, la maternité, etc. Aujourd'hui, nous sommes encore dans un moment de l'Histoire où prévaut un cloisonnement entre les genres masculin et féminin. Je pense que, dans les années qui vont venir, le flou sera grandissant, à tous les niveaux : la notion de physique ne compte plus dans la construction du genre, pas plus que la force ou la séduction.

■ *Même s'il y a des contre-pieds qui se prennent encore aujourd'hui : ainsi Vincent Grégoire, chasseur de tendances, dit voir émerger « les Bimbos et les Barbares » dans les médias actuels, comme de nouveaux archétypes stigmatisant les polarités féminin/masculin. Dans le monde réel, les frontières certes se brouillent, mais dans les esprits ?*
O.C. : Demain cela ne sera plus une barrière ; le genre va se construire sur des notions complètement différentes. L'homme va s'accaparer, de plus en plus, la notion de séduction. Et la femme, parallèlement, va s'attribuer des éléments qui étaient ceux des hommes, notamment le pouvoir et l'exercice du pouvoir. C'est en cela que dans le futur, la notion du genre va évoluer et se transformer en rendant les frontières très floues. Par ailleurs, si chacun est bien dans le genre qui a été le sien au départ, il y a une autre problématique, mineure dans la société : c'est celle de gens comme moi pour qui le genre donné au départ n'est pas le bon. Nous sommes précurseurs de ces passages de frontière. Nous sommes des « passeurs » de genre.

■ *Il y a le genre que je pense vivre et celui qu'on veut bien me reconnaître ?*
O.C. : Il y a celui qui est légitime et celui qu'il faut gagner.

■ *Légitimité accordée face à perception intime, c'est le fond du débat qui agite cette dispute du pouvoir entre les deux genres… Qu'en est-il dans votre sphère professionnelle – votre métier d'architecte – et celle spirituelle autant que symbolique – votre appartenance à la franc-maçonnerie ?*
O.C. : Professionnellement, j'ai été élevée dans le rôle classique du garçon (études, métier, pouvoir), où l'autorité est dédiée à l'homme, où le chef est aussi le chef de famille. Je suis de surcroît issue d'une famille italienne, où la notion du mâle est forte. Du moment où je n'ai pu réaliser ma transformation, comme j'aurais voulu le faire quand j'étais jeune, j'ai accepté cet arrangement avec la société : je suis restée dans l'image que la société attend d'un homme génétiquement homme. D'où, effectivement : études, travail, grosse agence, patron, chantiers à piloter… Tout cela de façon agréable, d'ailleurs. Avec la reconnaissance de l'autorité – puisqu'elle est de toute façon dédiée aux hommes – et de la compétence aussi, reconnue plus facilement et spontanément pour les hommes par les autres hommes, et *a fortiori* par les femmes – puisque dans une société où elles sont soumises à l'autorité des hommes, elles la reconnaissent aussi d'emblée.

■ *Quand vous êtes un homme il n'y a pas de débat, et quand vous êtes une femme il y a déni de compétence ?*
O.C. : Dans ces aspects « naturels » attribués à l'homme,

on lui impose cet exercice de l'autorité. En architecture, ce qui m'intéresse, ce sont les idées, le projet, mais « on » veut une autorité marquée, un capitaine sur le bateau, pour trancher. Ce qui implique d'ailleurs que dans les formations en amont, la dimension de prise en charge individualisée des capacités de chacun ne se fasse pas.

■ *L'enseignement se fonderait donc sur la présomption d'autorité et de compétence « naturelles » des garçons et des filles dans certains champs… Par ailleurs, cet inconfort à votre égard, quand vous apparaissez comme un patron qui crée mais qui ne cadre pas assez, était-il équivalent pour vos collaborateurs hommes et femmes ?*
O.C. : Oui, absolument. J'ai eu plusieurs fois ces retours : « *Tu n'es pas assez directif* », « *Tu n'es pas assez sévère* »… Puis du jour au lendemain, en devenant femme, mon autorité n'a plus été reconnue de manière naturelle. Elle est devenue contestée. Et ma compétence aussi.

■ *Implicitement ou de façon directe ?*
O.C. : C'est frontal. En gros, un homme n'a pas à recevoir d'ordre d'une femme, précisément parce que dans les rôles tels qu'ils sont attribués, c'est l'homme qui a l'exercice du pouvoir. Même si ces hommes disent que l'égalité homme/femme est une bonne chose, dans les faits, quand une femme leur déclare : « *Non, ce n'est pas bien fait, il faut démolir* », la réponse est : « *On ne me parle pas comme cela.* » L'autorité est contestée.

■ *C'est un discours que vous n'aviez jamais entendu auparavant?*
O.C. : Non. Avant, la personne en désaccord avec moi s'opposait, argument contre argument. Mon autorité d'architecte n'était pas contestée. Quand cela se déroule entre un homme et une femme, il y a conflit.

■ *Et l'objet de la contestation n'est plus la chose dont on parle mais la personne qui parle?*
O.C. : D'une certaine façon, oui. Il faut gagner cette autorité. Et quand elle est gagnée, les hommes pensent : « *Elle se comporte comme un mec, elle en a.* » Quand l'autorité est reconnue, la femme devient un homme…

■ *Donc l'adoubement, c'est le moment où la femme « en a »?*
O.C. : C'est ce qu'on entend sur Anne Lauvergeon ou Simone Veil : « *Il fallait qu'elle en ait pour imposer la loi…* » On retire le genre parce que tout à coup, la femme a un rôle et une attitude qui ne sont plus convenus. Auparavant, j'arrivais sur un chantier avec des attitudes traditionnelles. Quand je suis devenue Olivia et que je suis arrivée avec les mêmes éléments, il y a eu conflit. J'ai donc appris à passer par d'autres canaux, finalement très féminins, plus diplomatiques… Je me suis aperçue que les choses n'étaient pas les mêmes d'un côté et de l'autre : j'ai enfin accordé crédit à toutes mes consœurs qui disaient être mises en difficulté sur les chantiers, que c'était anormal, qu'il fallait qu'elles en fassent plus, qu'elles n'avaient pas droit à l'erreur. C'est comme si on subordonnait les limites de notre exercice !

■ *On peut toujours s'interroger à propos des «self fulfilling prophecies»[1], mais ce que vous décrivez est que les freins qui s'imposent aux femmes sont bien plus puissants que cela. Ce n'est pas seulement qu'elles grandissent avec l'intériorisation que cela ne sera pas possible pour elles et qu'elles sont finalement dans l'autocensure. Vous avez démarré une vie professionnelle structurée sans équivoque au sujet de l'autorité, avec des codes autorisés, des réflexes installés, puis en tant qu'Olivia, vous n'avez pas été modelée par la société, votre entourage, sur ce qui allait être possible, crédible, convenable pour une fille: vous ne pouvez donc pas être dans la conviction autoréalisatrice…*

O.C.: Non! Une autre anecdote est caractéristique des rapports institués qui ne reposent pas sur des réalités. Avant, quand on me demandait mon métier, je disais que j'étais architecte et on me demandait ce que je construisais. Aujourd'hui, on me dit: «*Ah oui, vous êtes architecte d'intérieur?*» On ne m'avait jamais posé cette question. En découvrant cela, j'ai réalisé que ça n'allait pas être facile. Avant, il était évident, quand je disais que j'étais architecte, que j'en étais un «vrai», qui construisait. Sur un chantier, quand pour la première fois j'ai entendu quelqu'un dire «*Pour la question des couleurs, il faut demander à l'architecte*», je me suis demandé où j'étais… Jamais on ne m'avait dit cela! Là, c'était dit comme si cela subordonnait les limites de mon exercice: «*Ça, c'est son domaine*»; ça, on ne le conteste pas. Désormais, en faisant une visite de

---

1. Conviction autoréalisatrice.

chantier avec toutes les entreprises, quand je vois par exemple une maçonnerie qui ne convient pas, je dis « *Ça ne va pas, il faut me la refaire* », et la réponse est : « *Non, elle est bien ma maçonnerie* » ; « *Non, elle n'est pas bien. Ça, ça et ça, ça ne va pas. Il faut la refaire* » ; « *Mais non, elle est bien. Je vais vous expliquer, vous n'avez pas compris, elle est bien, j'ai toujours fait comme ça…* » C'est totalement nouveau pour moi ! Et cela touche à la compétence : à une femme, on explique la vérité. Les arguments utilisés pour contester son autorité sont manipulatoires. On essaye de réinstaurer une autorité en travestissant les choses, en niant des évidences parce que d'un coup, cela met en péril sa propre position.

■ *Sa dignité d'homme ?*

O.C. : Peut-être, en tant que mâle qui considérerait sa position comme inférioriée parce qu'il serait soumis aux ordres d'une femme. Il faudrait interroger un psychiatre, mais la dimension dominant/dominé existe certainement. Les hommes n'hésitent pas à « tenter le coup » face à une femme. Ils ne s'arc-boutent pas forcément, mais ils tentent le coup. La mauvaise foi existe. Quant aux hommes entre eux, cela ne marche pas ainsi…

■ *Qu'en a-t-il été au sein du Grand Orient de France ? Vous semblez avoir été un accélérateur de mutation.*

O.C. : Oui. C'est une organisation essentiellement masculine, ce qui n'a déjà plus beaucoup de sens, à notre époque. Mais nous traînons le passé sans le remettre en question. Il y a une dimension psychologique qui fait que des hommes sont contents d'être entre eux, ce qui n'a rien à voir avec les fondamentaux de la maçonnerie, mais répond plutôt au principe des clubs anglais : on est bien entre nous, on est bien dans nos codes.

■ *Il existe un confort dans l'entre-soi, les codes sont implicites : l'affinité et la connivence, c'est relaxant pour tous les groupes homogènes.*
O.C. : Là, ce n'est pas propre à la maçonnerie. C'est pour tout groupe d'hommes constitué, ou de femmes d'ailleurs.

■ *Lorsqu'un comité de direction commence à être légèrement mixte, il y a subitement dans le nouveau groupe plus d'ajustements, plus de vigilance… Un niveau de contrainte supplémentaire, qu'on ne peut pas, je pense, nier.*
O.C. : Au Grand Orient, la question de la mixité se posait depuis longtemps. Chaque année, des votes avaient lieu – la maçonnerie est très démocratique – et chaque année l'assemblée générale de l'Obédience rejetait la proposition. C'était un rapport de force qui était toujours favorable aux conservateurs. Et dans mon cas, ils n'ont pas vu arriver l'histoire. Tout d'un coup, il y a eu une femme. J'ai été un cheval de Troie : si j'avais voulu faire de la stratégie, c'était la meilleure ! Cela a créé un électrochoc dans les esprits, par méconnaissance de ce sujet. D'où une notoriété qui m'a été un peu brutale, jusqu'à l'international. Et cet électrochoc a fait avancer les idées. Les francs-maçons travaillent sur la tolérance. Alors ils se sont mis en accord avec leurs

principes : « *Une personne devient différente de nous, et alors ?* » Ils ont de fait entériné cette différence.

■ *À l'été 2010, l'Église anglicane s'est trouvée au bord du schisme, car parmi les femmes qui ont accédé au rang de pasteur depuis plus de trente ans, certaines sont aujourd'hui candidats évêques (il en existe d'ailleurs une aux États-Unis), provoquant des tentations de sécession des plus conservateurs : l'unité de cette communauté spirituelle est très menacée. Le Grand Orient semble avoir été certes surpris de l'intérieur, mais beaucoup plus agile dans sa résolution. De fait, cette obédience masculine s'est-elle désormais admise comme mixte ou pas ?*

OC : Ils y ont été obligés puisqu'au moment où je suis devenue Olivia à l'état-civil, c'est une décision juridique dont tout le monde a dû tenir compte. Administrativement, ils ont été obligés d'intégrer ce changement. J'ai donc été la première femme du Grand Orient de France. Qui, de fait, est devenu une obédience mixte.

■ *Si simplement que cela ? Avant d'en arriver là, ne sont-ils pas malgré tout passés par tous les méandres du rejet ?*

O.C. : On est encore tout à fait dans l'acquis et dans l'inné. Comme le disait Freud, le pacifisme c'est l'acquis et la violence c'est l'inné. Leur première réaction a été de dire : « *Cela devient un problème, on ne sait pas le traiter, s'il disparaissait ce serait très bien.* » Mais très vite, cela a été écarté, parce que cela aurait été complètement contraire aux valeurs auxquelles nous tenons tous. Les tenants de la mixité ont toujours eu vis-à-vis de moi une attitude tout à fait correcte. La dimension humaine l'a emporté.

■ *Et les loges de femmes, se voient-elles encore dans la résistance ?*
O.C. : C'est plus compliqué, car il existe des obédiences mixtes depuis très longtemps. Il y a aussi une obédience exclusivement féminine, la Grande Loge Féminine de France.

■ *Qui serait désormais passéiste ?*
O.C. : Elle risque en effet de passer pour conservatrice. On revient à la question du genre. Au fur et à mesure que la femme a pris une place dans la société, l'exercice du pouvoir ne s'est pas décrété comme cela. C'est un sujet qui demande de communiquer avec les autres personnes, et je pense que les femmes ont eu besoin de se retrouver entre elles pour parler de l'exercice du pouvoir qu'elles commençaient à avoir, étant médecins, avocates, etc. Au fur et à mesure que tout cela sera brassé, cette notion de groupe monogenre va disparaître. On se retrouvera pour d'autres raisons, entre femmes, entre hommes, mais plus pour ces raisons-là.

■ *Nos codes sociaux quant aux garçons et aux filles se transmettent beaucoup par les éducateurs, et surtout par les mères. Ce sont elles qui attribuent les premiers domaines autorisés d'exercice du pouvoir.*
O.C. : La mère en effet, le père aussi, par son absence ou sa sur-autorité mal placée. L'environnement familial

crée la première codification du genre, des attitudes, et c'est elle qui perdure et nous façonne le plus. Ce sont les mères qui font les machistes !

■ *Et cela commence-t-il à évoluer ?*
O.C. : Il sera intéressant de voir comment les enfants élevés par des couples de même sexe évoluent. Dans un couple de même sexe, l'autorité sera dédiée à l'un des deux, par une sorte de distinction, de répartition. Au-delà de la question du genre, la question de l'homosexualité ne sera plus un frein au bonheur. La morale victorienne a été une glaciation des esprits pendant un certain nombre d'années. Mais au Moyen-Âge, à la Renaissance, la question du genre n'était pas aussi tranchée : l'homosexualité se vivait de façon tout à fait naturelle, et les travestis existaient, comme le Chevalier d'Éon. De tout temps, la transsexualité et l'homosexualité ont existé. Je pense que nous redécouvrons cela en fermant la parenthèse victorienne aujourd'hui. Pour moi, le genre évolue, constamment, il est en train de le faire, et des histoires comme la mienne vont devenir très banales. Je crois que la société de demain est là : demain, la notion du genre, on s'en moquera complètement, on sera bien avec qui on veut. Quand j'ai ouvertement informé sur ma transition, toute la génération des jeunes de mon entourage jusqu'à trente ans a dit : « *Tu vis ce que tu veux, c'est très bien au contraire, il faut vivre ce qu'on a à vivre.* » C'était la position unanime. Officiellement du moins !

CHAPITRE 12

Les entreprises à l'aube d'une nouvelle mixité ?

MARIE BOY

Le pouvoir professionnel suscite des sentiments puissants, variables et parfois contradictoires, notamment chez les femmes qui y sont moins accoutumées. Comment se conjuguent l'envie, la peur, le plaisir du pouvoir ? Comment les femmes, individuellement et au fil des générations, posent et résolvent-elles ces questions ? Qu'il s'agisse d'éviter le sentiment d'illégitimité pour celles qui sont arrivées, ou d'assumer sa liberté de choix et de consentement sur ses changements de parcours, la route vers le pouvoir est complexe pour les femmes.

Désir de pouvoir et rôles modèles

Le premier levier pour progresser, fondamental pour tous, est le désir. Chez un homme la problématique est simple : c'est physiologiquement blanc ou noir. Professionnellement, ils sont aidés en général par la très grande disponibilité de rôles modèles, par le regard social, par leur éducation. Ils sont nombreux à avoir été préparés, dès leur enfance, à vouloir le pouvoir. Au niveau de l'entreprise, on le constate aisément : il y a toujours des hommes pour se lever et demander le pouvoir, pour réclamer une promotion. Ils peuvent connaître une panne de désir, mais le sujet est alors individuel. Pour les femmes, la problématique est plus complexe et il convient de se demander comment surgit leur désir. Les femmes font face à la rareté des modèles dans la sphère professionnelle comme dans leur sphère privée. C'est aussi une question de génération : pour les « quinquas », les modèles féminins attirants sont très peu nombreux ; les femmes qui ont la trentaine aujourd'hui commencent à avoir le choix. Elles côtoient pour la plupart des femmes de tous âges qui ont fait des études et ont travaillé. Reste que si ces modèles sont fondamentaux, ils ne sont pas suffisants pour amorcer la prise de pouvoir et susciter le désir : le problème vient aujourd'hui de modèles qui ne plaisent pas, et donc n'inspirent pas. Les hommes ont tellement de modèles, dans leur famille, leurs réseaux d'études, d'entreprises, de société, dans les médias, partout dans le monde, depuis toujours, qu'ils trouvent toujours quelqu'un à qui s'identifier. Les femmes ont, depuis peu, quelques modèles dans leurs familles, mais manquent encore cruellement de modèles extérieurs qui leur conviennent.

Créer son modèle pour pallier leur insuffisance

Certains sociologues expliquent que les dirigeants ont besoin de se créer un monde. À défaut de pouvoir faire un choix, il est de la même manière possible pour les femmes de faire appel à leur imaginaire. Si elles ne sont pas satisfaites des modèles mis à leur disposition, elles peuvent imaginer leur propre monde ! Quelles conditions leur donneraient-elles envie de prendre le pouvoir ? Pour quoi pourraient-elles devenir dirigeantes ? À quoi ressembleraient-elles ? Comment vivraient-elles ? Comment seraient-elles en relation professionnelle ou personnelle avec leurs équipes, leurs collègues, leurs enfants, leurs amis, leur homme, etc. ? Le passage par l'imaginaire est un levier très puissant qui fonctionne pour huit personnes sur dix environ. Chez les femmes, comme d'ailleurs en matière physiologique, il parvient à déclencher le désir professionnel. Dans ce passage par l'imaginaire, modèles et contre-modèles sont « bons à prendre », y compris les femmes qui sont des caricatures d'elles mêmes ou sont inaccessibles. On le sait, en France, le contre-modèle est au moins autant contributeur à la construction du monde et au désir de se projeter que le modèle peut l'être. Se positionner « contre », est ici culturel et efficace – c'est une des grandes différences sur le sujet entre la France et les États-Unis par exemple. Lorsque la dirigeante, la femme médiatisée n'est pas considérée comme un modèle, elle devient caricature. La personne en devenir va choisir les traits des caricatures à sa disposition, créer son contre-modèle et pouvoir construire ainsi son propre modèle imaginaire.

La question suivante est alors : j'ai construit mon rêve, comment l'incarner dans la vraie vie ? Il s'agit de revenir sur terre. C'est une étape importante – le monde n'est pas idéal, le rêve ne peut pas devenir réalité, encore moins du jour au lendemain. Des étapes, des allers-retours entre imaginaire et réel, seront nécessaires. La femme va devoir accepter que la réalité n'est pas immédiatement à la hauteur du rêve, mais qu'incarner ses rêves est déjà un vrai succès. Ce processus est fondamental pour aider les femmes à regarder vers le haut et imaginer qu'elles peuvent progresser. La difficulté surgit lorsque les modèles sont à la fois très loin d'un idéal imaginaire et absents des médias, d'une certaine façon inaccessibles. Leur éloignement fait obstacle à la conception des étapes, et la femme, se cherchant et se perdant, n'a souvent d'autre alternative que de revenir aux modèles masculins. Heureusement, aujourd'hui, il y a de plus en plus de «femmes modèles» qui se prêtent au jeu, témoignent, sont atteignables. Les jeunes dirigeantes ouvrent la place à une projection relativement proche de l'imaginaire et du désir des jeunes femmes managers. L'«accrochage» se fait mieux, le chemin entre l'imaginaire et le réel est facilité.

Entre désir et accomplissement, des freins à lever

Reste à lever les freins, les archétypes qui s'opposent à ce cheminement. Parmi eux, il en est un extrêmement puissant: la femme se laisse choisir. Elle est désirée et ne choisit pas. Comment faire pour amener la femme à oser se mettre en avant? D'autant qu'elle rencontre aussi de nombreux tabous sociaux et familiaux, comme celui de la prostitution. Il y a non seulement l'archétype, mais l'interdit. Les deux sont agissants, souvent implicitement, ce qui complique la question. Comment procéder ? On constate en coaching que les jeunes femmes bougent ces lignes plus facilement au sein d'un groupe que dans des échanges en face-à-face. Le groupe fournit l'explicitation, la rupture de la solitude et l'émulation : elles osent partager, elles comprennent qu'elles ont toutes la même difficulté et cela les rassure et leur fait du bien. L'intimité du groupe permet la constitution d'une « sororité » où l'effet de stimulation, d'émulation va jouer son rôle de catalyseur de changement. Les femmes trouvent dans ces groupes de coaching quelque chose qui s'apparente à l'esprit d'émulation du sport collectif – à l'importante condition que dans la constitution de ces groupes, on veille à limiter la concurrence professionnelle directe pour permettre la stimulation la plus saine possible, réduire les « coups bas », les manipulations ou les mises en réserve. En sus de l'émulation, le témoignage sincère, le partage de l'expérience sont de vrais « plus » : le champ des possibles s'ouvre, comme celui de l'imaginaire. La mise en mouvement en est simplifiée.

Le second archétype le plus fréquent touche à la confiance en soi. Pour revenir en arrière et se souvenir, lorsque nos mères avaient confiance en elles, c'était rarement sur tous les champs. La confiance en soi diffère souvent selon qu'elle s'exprime à l'intérieur et à l'extérieur, entre le territoire des femmes et celui des hommes : la femme trouvait son intériorité à la maison, où elle doutait moins, voire pas, et voyait souvent l'extérieur comme un monde hostile, source de peurs, de défiance, et y manquait de confiance en elle. L'accès aux études et la montée en responsabilité des femmes chahutent ces représentations basées sur des siècles de vécu et ouvrent un nouveau champ d'expérience.

Intériorité, extériorité, et zones de pouvoir

Comment réagissent les jeunes femmes dans une carrière qui les expose à l'extérieur ? Deux cas de figure se dessinent : certaines femmes ont étonnamment confiance en elles à l'extérieur de l'entreprise, d'autres ont plutôt confiance en elles à l'intérieur de l'entreprise. Peu de professionnelles sont à l'aise, tant dehors que dedans : cela fait vraisemblablement beaucoup d'apprentissage pour cette nouvelle génération de femmes, comme beaucoup de stress et tellement de positionnements… avec les risques de *burn-out* que vouloir tout faire représente. Cette différence dans l'aisance d'être se voit à tous niveaux, y compris les plus élevés. Beaucoup ont un comportement bien différent entre dedans et dehors : elles franchissent le pas de la zone de confort à la zone d'effort. Évidemment, à un moment donné, ce hiatus se traduit dans leur carrière. Celle qui est très à l'aise à l'intérieur de l'entreprise, mais pas à l'extérieur, a tendance à faire une carrière de « fonctionnelle » ou d'éminence grise. Elle bute à un certain niveau, rencontre des difficultés lorsqu'elle doit ajouter à ses fonctions la création d'un réseau externe, tisser des relations interentreprises ou avec d'autres « mondes ». Certaines s'arrêtent alors en toute sérénité. D'autres sont en demande d'accompagnement de changement. Elles entreprennent un nouveau travail de confiance en elles dans ces environnements extérieurs ; il est d'autant plus important qu'à ce niveau de carrière et d'expérience, on ne change pas en un jour. Elles passent parfois par un détour en thérapie ou en systémie transgénérationnelle (travail de nature constellations en particulier). Elles dépassent alors la barrière de leur confiance en elle et franchissent le plafond de verre.

Le cas inverse existe aussi. Il s'agit de femmes extrêmement brillantes en clientèle, à l'extérieur, et qui n'arrivent pas à se faire une place correspondante à l'intérieur de l'entreprise et participent peu au partage du pouvoir. Cela « parle » souvent de leur histoire – pas tant de leurs années d'enfance que de leurs années de lycée et d'études supérieures –, de la non-reconnaissance de leur progression par leur famille et ses figures. Quand ce manque de reconnaissance se reproduit dans l'entreprise, elles ne le voient pas ou n'y attachent pas d'importance. Elles ne voient pas que dans l'entreprise, l'absence de reconnaissance des résultats et de la personne qui les obtient signifie absence de promotion. Nous appelons ce phénomène « adhérence du présent au passé ». Ces femmes n'ont quasi pas d'autre choix que de changer d'entreprise pour poursuivre leur carrière : elles quittent l'absence de regard de l'entreprise d'avant, se font accompagner pour obtenir le juste positionnement dans la nouvelle entreprise, dès le premier entretien de recrutement. Certaines changent plusieurs fois d'entreprises, voire créent la leur, la revendent, deviennent « sexy » professionnellement et obtiennent ainsi une juste place – souvent au prix de lourds sacrifices dans leur vie privée.

Ces deux trajectoires vers le succès professionnel supposent un investissement personnel intense, que ce soit pour s'extraire de l'intériorisation, ou pour se faire reconnaître par des changements multiples d'entreprises dans une logique stratégique et commerciale de leur propre carrière.

De l'importance du regard et de la parole

En matière de confiance en soi, l'étude *« Do women lack ambition ? »*, rapportée par la *Harvard Business Review*, est éclairante. Des psychologues nord-américains, au moyen de milliers de caméras placées dans des maternités et dans des écoles, auprès d'enfants issus de tous niveaux sociaux, de tous âges, ont observé que les mamans ne regardent pas autant leurs petites filles que leurs petits garçons. Cette différence de regard dès la naissance se prolonge dans tout le système scolaire, de la part d'instituteurs ou d'institutrices et des professeurs. L'estime de soi se construisant fondamentalement grâce au regard des adultes sur le très jeune enfant et sur l'enfant en développement, le déficit d'estime de soi femme/homme est culturel, très profond, et indépendant de l'origine ou de la famille. L'auteur de cet article en conclut que la femme n'a pas moins d'ambition qu'un homme, mais qu'elle va avoir besoin attendre d'être « compétente à 300 % » pour demander une promotion, tandis que son collègue homme fera confiance aux regards qu'il attire dans la quête de promotion et dans son nouveau poste pour combler ses lacunes en compétences. Je fais l'hypothèse que la situation de déficit de regard est semblable en Europe, et le constat que l'espèce humaine, quand il y a déficit, cherche compensation. Pour moi, cette compensation se fait, chez les femmes, par la parole. Cela se voit en coaching, et d'autant plus dans les coachings de groupes : les femmes y regagnent en estime d'elles-mêmes et en confiance en elles. Dans le même temps, l'évolution des entreprises occidentales laisse de moins en moins d'espace à la parole. Les femmes qui ont eu accès à l'éducation et aux responsabilités y réussissent plutôt bien en début de carrière. Puis leur élan s'essouffle, elles épuisent leur capital confiance et compensent par la quête de compétences et d'expertise, ce que leurs collègues masculins font plus rarement. Ce risque d'épuisement est exacerbé dans les entreprises où l'informatique remplace l'essentiel des échanges interpersonnels traditionnels : les hommes sont alors touchés. Cette « observation clinique » consolide l'hypothèse de base du travail d'accompagnement : il apparaît urgent de remettre du regard, de la relation, du partage et du vécu d'équipes dans les entreprises.

Réinjecter de l'espace de parole... pour femmes et hommes !

Ma pproposition est d'ouvrir de l'espace de parole entre femmes, à chaque moment important de leur carrière et de leur vie, soit, tous les deux à cinq ans, selon les entreprises et les âges. La parole entre femmes de même âge et de séniorité professionnelle analogue leur permet de réalimenter leur confiance en elles. Cela peut se faire, selon les situations, en intra-entreprise ou en interentreprises et leur permet de mieux vivre les grandes étapes de leur carrière et de leur vie de femme et de famille – parce que les femmes sont tout aussi chahutées à la naissance de leurs enfants qu'à leur adolescence, ou au moment où ils passent le cap de jeune adulte : ces grandes étapes familiales ajoutent bien souvent de la difficulté à leurs principales étapes de carrière.

Quant aux hommes, ils n'ont en fait pas moins besoin d'espace de parole que les femmes. Nous évoquions plus haut les entreprises globales et leur effet sur la confiance en soi. Je suis intervenue dans une entreprise chimique de taille moyenne qui a été acquise récemment par un géant dans son métier. À l'époque de mon intervention en 2008-2009, cette entreprise était à la fois internationale et matricielle, finalement petite et globale. Le millier de collaborateurs était éparpillé dans le monde entier. Dans la filiale française, aucun manager intermédiaire, typiquement de trente à trente-cinq ans, n'avait de patron en France. Ces managers, hommes pour la plupart, n'étaient pas regardés. Ils avaient perdu pied, ils manquaient de repères : leur confiance en eux s'était effritée, leur développement avait eu tendance à se bloquer, d'une manière d'autant plus visible que la crise était là. Nous avons vu ces managers regagner en confiance, à la fois par le regard et la parole, dans des groupes mixtes, coachés par des hommes et des femmes.

De nouveaux comportements et attentes dans la génération Y

Face aux évolutions de l'entreprise, les générations ne sont pas égales. Je constate, en accompagnant des groupes de femmes managers, que les aspirations des femmes de vingt-sept ans aujourd'hui sont fortes en termes de sens, de valeurs, de besoin de se sentir inspirées par l'entreprise, de trouver un équilibre de vie. Ces aspirations correspondent à celles de leurs aînées de cinq ans, il y a cinq ans, ces femmes de trente-cinq ans qui semblent avoir déjà beaucoup enduré et s'être parfois rigidifiées. Il y a un intérêt à accompagner les femmes le plus tôt possible : plus on est jeune, plus on est psychiquement plastique et souple, plus on comprend et intègre vite le changement.

Au niveau mondial, il est manifeste que cette génération des moins de trente ans « se lève ». Quelque chose se passe, le curseur de l'âge et des attentes vis-à-vis de la carrière et de la vie se déplace. Les entreprises de B to C, les conseils en marketing détectent les nouvelles attentes des consommateurs Y. Cela se traduit aussi pour l'entreprise par de nouvelles demandes d'accompagnement et de nouvelles attentes vis-à-vis du management. Je constate que les aspirations et besoins des femmes sont en train de se rapprocher de celles des hommes, et que, là où l'accompagnement était « sexué », la question va se poser d'accompagner hommes et femmes en groupes mixtes pour qu'ils construisent du sens et leur nouvel équilibre de vie ensemble.

Je viens de clore un premier petit groupe mixte interentreprises pour des 37-40 ans. Il incluait un homme qui avait mené son développement en « intelligence sensible ». Ce dernier a beaucoup apporté aux femmes du groupe par la fulgurance de son intuition. Les femmes lui ont aussi beaucoup donné, tant pour ses objectifs professionnels que ses questionnements personnels. L'échange fut équitable entre femmes et homme. Les hommes de cette génération X[1] ont encore besoin d'être soutenus dans le développement de leur intuition et l'utilisation de leurs sens dans le business, mais ils y viennent bien dans le cadre d'un accompagnement individuel. L'homme de ce groupe avait aussi été « préparé » par ses enfants, et notamment par ses filles. Dans la génération Y, les pères sont beaucoup plus présents à la maison et ne leur parlent pas en tableaux de bord ! Chez ces jeunes papas, la sensibilité est plus proche, plus disponible : la mixité des groupes de coaching devient alors vite un atout pour chacun.

Soyons réalistes : cela ne se fera pas du jour au lendemain, ni partout dans les entreprises, ni dans toutes les entreprises à la fois, ni pour chacun… Le niveau de bienveillance n'est pas le même partout, celui de la progression dans les organisations « des femmes ou des hommes d'un autre type » non plus. Mais dans les entreprises les plus avancées, on s'approche du moment où réunir hommes et femmes dans un accompagnement commun ouvrira des trajectoires nouvelles et une autre création de valeur.

---

1. La « génération X » correspond aux personnes actuellement âgées d'environ trente à quarante-cinq ans, la « génération Y » aux moins de trente ans environ.

PARTIE 3

Le pouvoir dans la sphère publique

S i la place des femmes était à examiner dans les sphères plus ou moins «privées» que sont les domaines professionnel et familial, elle reste à considérer dans un angle plus large, celui de la société tout entière. À la fois «contenant» et champ d'application de chacune de ces évolutions, il se joue en effet entre elle et l'individu, le groupe auquel il appartient ou le cadre dans lequel se situe son action, une interaction permanente. Les lectures croisées des évolutions individuelles et collectives témoignent de cette résonance constante. Sans qu'il soit toujours possible de distinguer qui, de l'individu ou du collectif, a été le moteur, force est de constater qu'à chaque grande évolution sociale a correspondu une somme de volontés individuelles, tout autant que de profondes évolutions des mentalités individuelles ont été motivées par de non moins profondes évolutions de la société.

Dans cette perspective, deux axes principaux de réflexion se dégagent. D'une part, le champ du politique, ou de la politique, où il conviendra d'examiner l'influence des femmes, à l'aune de leur vote ou de leur action; d'autre part, le champ de la religion, car, même dans un pays laïc depuis plus d'un siècle, et en particulier dans certaines communautés, son empreinte reste profonde dans la société comme au cœur des groupes qui la composent, voire de l'individu même. Dans une année électorale où les cartes, notamment en vertu des évolutions constatées, pourraient être profondément rebattues, il convenait de donner à ces questions une certaine profondeur de champ notamment historique. Ni devin ni prophète, face à des évolutions de long terme, l'Observatoire des Futur(e)s pose ainsi un état des lieux du présent, et quelques hypothèses pour l'avenir.

CHAPITRE 13

Qu'ont fait les femmes de leur droit de vote ?

VALÉRIE LAFARGE-SARKOZY

Depuis 1944, les femmes françaises ont le « droit » de voter. L'utilisation très tardive de ce droit fondamental, qui jusqu'alors n'appartenait qu'aux hommes, a permis aux femmes d'être des citoyennes à part entière. Ce vote a conféré aux femmes un pouvoir dont la plupart d'entre elles ignorent souvent le poids sur l'échiquier politique. N'est-il pas temps que les femmes prennent conscience de leur influence lorsqu'elles votent ou lorsqu'elles « s'engagent » en politique ?

Les femmes représentent 51,4 % de la population française, soit 31,1 millions de personnes, 52 % de l'électorat et 53 % des inscrits sur les listes électorales. Plus d'un électeur sur deux est une femme. On peut donc considérer par le vote et la prise de décision publique que les femmes représentent désormais un enjeu important. Enjeu d'autant plus important que l'empathie féminine se manifeste par des effets tels que l'émotivité, l'intuition, la représentation concrète, qui sont des composantes de la décision et donc du vote féminin. Ainsi, si beaucoup de femmes soutiennent des projets politiques qui leur tiennent à cœur personnellement, (environnement, soins de santé, etc.), elles veulent avant tout « *pouvoir faire confiance à leur candidat encore plus qu'elles ne veulent être d'accord avec lui ou elle. (…) c'est la personne qu'elles croient dire la vérité qui aura leur voix, même s'il ou elle ne dit pas exactement ce qu'elles veulent entendre* »[1].

En Europe, les femmes ont une approche légèrement divergente de celle des hommes sur les politiques prioritaires de l'Union Européenne (UE) et les thèmes électoraux. Généralement plus pessimistes que les hommes au sujet de la situation économique actuelle et future, les femmes européennes considèrent que les politiques de l'UE devraient se tourner prioritairement vers l'amélioration de la protection du consommateur et de la santé publique, puis vers la lutte contre le terrorisme et la lutte contre le changement climatique. Les hommes ont plutôt tendance à placer en tête la lutte contre le terrorisme et souhaitent, en priorité une politique de sécurité et de défense permettant à l'UE d'affronter les crises internationales. En revanche, les femmes et les hommes européens choisissent de voter pour un candidat selon les mêmes critères : l'expérience des questions européennes, puis l'orientation politique, et finalement la visibilité. Le

---

1. International Museum of Women ; www.imow.org/wpp/stories/viewStory?language=fr&storyId=1620.

genre du candidat vient en dernière position. Il intervient en effet dans le choix du candidat pour 5 % des femmes et 3 % des hommes.

Même si l'électorat féminin choisit le candidat sur les mêmes critères, les femmes sont traditionnellement plus intéressées que les hommes par les questions d'égalité des genres et de défense de leurs droits.

Le vote des femmes de droite à gauche

Pendant plusieurs années, le vote des hommes en France était plus majoritairement à gauche, alors que celui des femmes ciblait plutôt la droite. Un journaliste du *Nouvel Observateur*, le 10 avril 1974 déclarera à la lumière des sondages à la veille de l'élection présidentielle, que Valéry Giscard d'Estaing est « *l'élu des femmes* ».

Ce penchant des femmes plutôt pour la droite date de l'élection du général de Gaulle en 1965 (55 % des suffrages féminins pour un vote à 40 % masculin). Au second tour, le soutien massif des femmes a permis son élection. Elles ont été 61 % à avoir voté pour lui, contre 49 % d'hommes. Charles de Gaulle sera exclusivement entouré par des hommes. Une seule femme sera nommée dans le gouvernement de Michel Debré, Nafissa Sid Cara, qui sera, du 23 février 1959 au 14 avril 1962, secrétaire d'État « chargée des questions sociales en Algérie et du statut personnel de droit musulman ».

Georges Pompidou, lui, doit son élection aux femmes. Il nommera une femme dans le gouvernement de Jacques Chaban-Delmas, au poste de secrétaire d'État : Marie-Madeleine Dienesch. Les femmes font alors également leur entrée à l'Élysée : cinq auront un poste de choix auprès du président Pompidou. Parmi elles, Marie-France Garaud sera nommée conseillère technique au secrétariat général de l'Élysée et Anne-Marie Dupuy sera chef, puis directrice de cabinet.

En 1974, deux candidats s'affrontent au second tour : François Mitterrand et Valéry Giscard d'Estaing. Pour remporter l'élection, tous deux font des propositions sur le droit à l'avortement et la contraception, mais demeurent très prudents dans leurs promesses et affichent clairement leur attachement aux valeurs familiales. Les mentalités françaises sont encore très conservatrices à cette époque. Valéry Giscard d'Estaing présente une conception très libérale « des femmes ». Il théorise dans différents ouvrages sur l'intérêt certain de leur présence dans le gouvernement, comme dans la haute fonction publique. Il sera l'élu des femmes et tiendra ses engagements en nommant plusieurs femmes à des postes clés, dont Simone Veil qui a proposé et fait voter la loi sur l'interruption volontaire de grossesse. Valéry Giscard d'Estaing fera également voter une loi sur le divorce par consentement mutuel.

Au cours de la campagne de 1981, à la fin du septennat, Valéry Giscard d'Estaing semble se détourner de son électorat féministe. Il n'assistera pas par exemple, contrairement à François Mitterrand, au meeting organisé entre les deux tours par le mouvement féministe CHOISIR. C'est à cette époque que les femmes commencent à se tourner vers le socialisme : elles seront 49 % à voter pour François Mitterrand – contre 46 % en 1974, et 39 % en 1965 – et lors des législatives de 1981, 54 % d'entre elles voteront à gauche. Pourtant, lors de la campagne présidentielle de 1981, sur ses cent dix propositions, six seulement concerneront les femmes, notamment l'égalité des chances devant l'emploi ou l'égalité de rémunération. Et une fois élu avec le soutien des femmes, François Mitterrand ne mettra pas en œuvre ses engagements invoquant la crise économique. En revanche, il accordera une pleine confiance aux femmes « politiques », nommant dès son premier mandat six femmes dans le gouvernement de Pierre Mauroy, et créant un ministère des Droits de la Femme. Lors de la campagne de 1988, il ne montrera guère plus d'enthousiasme pour la cause féministe, et n'appliquera pas les promesses faites. Il réitérera ses propositions de 1981, tout en insistant sur les valeurs de la famille et la natalité. Toutefois, au cours de son second mandat, il sera le premier à nommer une femme Premier ministre : Édith Cresson.

Jacques Chirac semble ne s'être jamais senti concerné par la cause féministe. Lorsqu'il est nommé Premier ministre en 1974, il s'oppose à la proposition de Simone Veil visant à dépénaliser l'avortement. Lorsqu'il se présente en 1988 à l'élection présidentielle, il n'envisage pas de réforme fondamentale destinée aux femmes. Il exprime sa préférence pour la famille et les valeurs traditionnelles. Lorsqu'il se présente en 1995, face au débat sur la parité politique qui fait l'unanimité, à droite comme à gauche, il est obligé de prendre parti. Jacques Chirac n'a jamais manifesté un grand intérêt pour la présence des femmes en politique. Il fait pourtant entrer plusieurs femmes dans le gouvernement d'Alain Juppé, surnommées « les Jupettes ». Au cours du premier remaniement, toutes ces femmes, jeunes pour la plupart, se retrouvent évincées brutalement : une éviction vécue comme un très mauvais geste pour la cause féminine en politique.

C'est le Premier ministre de l'opposition, Lionel Jospin, en 1997, qui parviendra à imposer plusieurs femmes dans son gouvernement et proposera d'instituer un observatoire de la parité.

En 2002, Jacques Chirac profite de l'accalmie concernant les revendications dites féministes pour se concentrer sur d'autres sujets. Dans son programme, aucune allusion n'est faite aux droits des femmes. Il évoque simplement quelques propositions concernant les mères de famille. Jacques Chirac a toujours réussi à se faire élire en mettant en avant les valeurs familiales. C'était sa façon à lui de s'attacher les votes des femmes – soit, encore en 2002, une approche très conservatrice du rôle de la femme.

En 2007, Ségolène Royal est la première femme de l'histoire de la Ve République à avoir eu une réelle chance d'entrer à l'Élysée. Elle a fait ouvertement usage de son genre, de sa qualité de femme, d'épouse et de mère et a entretenu un rapport maternel avec ses électeurs. Pourtant, il n'y a plus lors de cette élection de véritable différence marquée entre les votes féminins et masculins (52 % pour Nicolas Sarkozy, 48 % pour Ségolène Royal). La différence réside davantage dans ce que la sociologie américaine définit comme le *« gender generation gap »*. Ségolène Royal, attirant les jeunes femmes célibataires, actives et urbaines, a ainsi totalisé 69 % du vote des jeunes femmes. À l'inverse, 70 % des femmes de cinquante ans et plus ont voté pour Nicolas Sarkozy.

Le programme de François Hollande tel qu'il est présenté en décembre 2011 n'est pas très novateur concernant la question des femmes. Il évoque principalement l'égalité hommes-femmes et la réduction des écarts salariaux pour les femmes[1], sujet pour le moins connu et pas particulièrement innovant. Et, dans son équipe de campagne, on compte très peu de femmes : trois seulement, sur les dix-neuf responsables principaux. Même déséquilibre parmi ses responsables thématiques : sur soixante-quatre personnes, les femmes ne sont que dix-huit et il n'y a pas à proprement parler de responsable des questions féminines.

Le 28 septembre 2011, François Hollande s'est engagé, s'il est élu, à faire voter une loi sur une limitation du cumul des mandats, l'un des leviers d'action qui permettrait aux femmes d'être plus présentes en politique.

---

1. Hollande, F., *Le Rêve français,* éd. Privat, 2011.

Lors des primaires de 2011, les candidats à l'investiture socialiste ont tous signé (ou se sont engagés à le faire) le Pacte pour l'égalité. Celui-ci exige la suspension du financement des partis qui ne présenteraient pas 50 % de candidates aux élections.

En attendant de prochaines échéances, le gouvernement de François Fillon aura représenté une véritable évolution. Nicolas Sarkozy a fait nommer pendant le quinquennat vingt-neuf femmes au gouvernement et à des ministères stratégiques. Notamment Christine Lagarde à l'Économie, Valérie Pécresse au Budget, Nathalie Kosciusko-Morizet à l'Écologie… La liste est longue. À l'Élysée également, à commencer par l'un de ses chefs de cabinet adjoints, Carine Trividic. C'est un changement notoire, dont on parle peu.

Le vote des femmes en 2004 et 2007

La principale conclusion des graphiques présentés par l'INSEE en 2004 est que le vote des femmes est sensiblement identique à celui des hommes jusqu'à soixante-cinq ans, mais que la participation féminine se réduit graduellement au-delà. On note ainsi que chez les 70-74 ans, la proportion de participants systématiques est de 45 % chez les femmes contre 52 % pour les hommes. À 85-89 ans, l'écart se creuse (23 % contre 36 %). Par opposition, l'abstention systématique aux élections est davantage masculine de dix-huit à quarante-neuf ans, se stabilise autour de cinquante ans et se féminise jusqu'à quatre-vingt-quinze ans et plus, pour atteindre presque 20 % de différence en faveur de l'abstention féminine de quatre-vingt-cinq à quatre-vingt-quatorze ans.

À propos de la présidentielle de 2007, une enquête du Cevipof-ministère de l'Intérieur réalisée du 29 mars au 21 avril 2007, quelques jours avant la présidentielle, a permis de tirer plusieurs conclusions en fonction des candidats et des catégories socioprofessionnelles des personnes interrogées. L'étude a été faite en prenant en compte les quatre principaux candidats, représentant les quatre grandes tendances politiques : Ségolène Royal, Nicolas Sarkozy, François Bayrou et Jean-Marie Le Pen. Pour chacun de ces candidats, les réponses ont été triées selon trois catégories : l'âge (I), le diplôme (II) et la situation de famille (III).

– L'âge : La première conclusion qui peut être dressée est que le candidat Sarkozy a su en 2007 rassembler un électorat davantage féminin que masculin, avec une large majorité pour le panel de 65-74 ans. Sans surprise, les intentions de vote pour Jean-Marie Le Pen ont été plus masculines que féminines. L'incidence de l'âge a été très marquée dans les intentions de vote féminines pour Ségolène Royal et François Bayrou. Parmi les 18-24 ans, 32 % de femmes ont manifesté leur intention de vote pour Ségolène Royal pour 15 % d'hommes. Cette proportion est inversée pour François Bayrou : 17 % de femmes pour 23 % d'hommes.

- Le diplôme : les écarts deviennent véritablement notoires en fonction des diplômes. Les catégories concernées sont sans diplôme/CEP, diplôme de l'enseignement supérieur et enfin étudiants. Les femmes sans diplômes ont très majoritairement manifesté leur intention de vote en faveur de Nicolas Sarkozy (11 % de plus que les hommes), les femmes diplômées de l'enseignement supérieur et les étudiantes pour Ségolène Royal (respectivement + 10 % et + 15 %). On remarque également que les femmes étudiantes ont assez largement boudé François Bayrou avec 17 % d'intentions de vote contre 30 % pour les hommes. Les diplômés du supérieur, tous genres confondus, ont manifesté leur volonté de s'abstenir de voter pour Jean Marie Le Pen (aucune réponse).

- La famille : alors que les différences de genre sont relativement peu marquées concernant l'électorat de François Bayrou et Jean-Marie Le Pen, l'écart se creuse entre Ségolène Royal et Nicolas Sarkozy selon qu'il s'agit de femmes mariées ou célibataires. Ainsi, les femmes célibataires ont été 6 % de plus que les hommes à soutenir Ségolène Royal, alors que les femmes mariées ont été 7 % de plus que les hommes à soutenir le candidat Sarkozy. On notera la constante pour les intentions de vote en faveur de François Bayrou qui a su rassembler à même hauteur femmes et hommes mariés comme célibataires. Jean-Marie Le Pen quant à lui a attiré, comme nous l'avons déjà signalé, un électorat principalement masculin de ce panel.

Les chiffres présentés permettent au Cevipof de tirer quelques conclusions globales :

- Nicolas Sarkozy a davantage mobilisé l'électorat féminin que ses compétiteurs, avec une différence marquée pour les femmes sans diplômes et mariées.
- Ségolène Royal de son côté a mobilisé les jeunes femmes, les femmes diplômées du supérieur et les célibataires.
- François Bayrou a séduit un électorat globalement équilibré, exception faite des étudiantes qui ont été 13 % de moins que les hommes à vouloir lui accorder leur confiance.
- Enfin, Jean-Marie Le Pen mobilise en grande majorité les hommes et en particulier les catégories peu diplômées.

Cette mobilisation plus ou moins importante selon les panels choisis par cette étude reflète l'intérêt grandissant des femmes pour la chose publique. Ce changement est sans aucun doute dû à l'accession de certaines femmes politiques à de grands postes (ministères, premier ministère, second tour de l'élection présidentielle etc.), ainsi qu'à l'accès à l'information et à l'éducation. Mais si aujourd'hui les évolutions sont notoires, il ne faut pas s'arrêter à mi-chemin. La réglementation demeure bien entendu un levier puissant pour atteindre une égalité hommes-femmes effective et efficace. Cependant, c'est aujourd'hui surtout par la sensibilisation et la mise en place d'une véritable culture de la parité que l'évolution féminine pourra prendre son second souffle.

CHAPITRE 14

Les femmes en politique

CAPUCINE FANDRE

Les politiques conduites, à droite comme à gauche, pour favoriser l'accès des femmes aux responsabilités politiques, se soldent encore en France par des résultats mitigés. Une situation qui n'est pas unique en Europe, mais qui contraste fortement avec celles d'autres pays. L'observation du « mille-feuille » institutionnel français est sans appel : plus le niveau de responsabilité est important, moins les femmes y sont présentes. La question de la parité peut être posée : elle est loin d'être résolue.

Selon un Eurobaromètre, une large majorité d'hommes et de femmes considère que les hommes dominent la scène politique et que les femmes apportent une valeur ajoutée à la prise de décision. La Commission européenne a donc décidé de lancer une large campagne de sensibilisation. Femmes et hommes ont globalement les mêmes intérêts, mais cette campagne vise à insister sur la valeur ajoutée des femmes en politique : « *Les femmes peuvent aussi apporter une contribution* spécifique au débat sur des thèmes cruciaux, souvent relativement délaissés par les hommes, tels que l'éducation, la santé, les enfants, la violence conjugale, la sécurité, l'égalité de salaire, etc. »[1] Quelle est donc leur influence réelle ?

Les femmes politiques élues

Dans les États membres du Conseil de l'Europe, deux femmes sont chefs d'État (élues) en Finlande et en Irlande, et deux sont chefs de gouvernement, en Allemagne et en Ukraine. Le nombre moyen de femmes ministres s'élève à 28,6 %. Trois États membres ont atteint le minimum recommandé de 40 % de femmes dans leur parlement national : la Suède (46 %), la Finlande (41,5 %) et les Pays-Bas (41,3 %). La Belgique (37,3 %), le Danemark (38 %) et la Norvège (37,9 %) sont en train d'atteindre le minimum requis. Si la représentation moyenne des femmes dans les parlements nationaux est de 21,7 %, elle est également faible dans les parlements régionaux, à 20,8 %. L'Espagne est le seul État membre à avoir atteint le minimum recommandé de 40 % de femmes. Le nombre de femmes chefs de gouvernements régionaux est significativement faible : la plupart des États membres n'ont pas de femme chef de gouvernement régional et dans un certain nombre d'États membres,

---

1. « How representative will the European elections be ? », clip de la Commission européenne sur la représentation des élections européennes, disponible sur EU Tube.

le pourcentage varie entre 2 % et 11 %, donnant une moyenne de 2,8 %.

Le chemin parcouru est donc considérable, mais celui restant à parcourir l'est tout autant. On parle en effet de la valeur ajoutée des femmes, mais on ne les situe pas naturellement sur des enjeux similaires alors que des femmes politiques nous montrent aujourd'hui qu'elles peuvent s'y positionner; citons Angela Merkel, Christine Lagarde, Ségolène Royal, etc. En France, probablement sous la contrainte du législateur, la situation a évolué de manière significative ces dernières années :

- De 0,7 % de femmes dans les conseils généraux en 1958, elles sont 13,8 % en 2011. Cette augmentation n'est certainement pas étrangère à la loi du 26 février 2008 qui facilite l'égal accès des femmes et des hommes au mandat de conseiller général. Reste que seulement 7,7 % d'entre elles sont présidentes de conseils généraux.
- De 9 % des femmes élues dans les conseils régionaux en 1986, elles sont 48 % en 2010.
- De 2,5 % au Sénat en 1952, elles sont 21,8 % en 2011.
- De 3,1 % dans les conseils municipaux en 1947, elles sont 34,8 % en 2011. Mais seules 13,9 % d'entre elles sont maires.
- De 1,3 % à l'Assemblée nationale en 1958, elles sont 18,5 % en 2011.

Cette évolution n'aurait certainement pas été possible sans la loi n° 2007-128 du 31 janvier 2007 qui tend à promouvoir l'égal accès des femmes et des hommes aux mandats électoraux et fonctions électives. Elle étend l'obligation de parité lors de la désignation des exécutifs régionaux et municipaux (villes de trois mille cinq cents habitants et plus). Elle augmente également la retenue sur la première fraction de la dotation publique des partis qui ne respectent pas la parité des investitures aux élections législatives (75 % de l'écart à la moyenne). Elle instaure un « ticket mixte » lors des élections cantonales où candidat et suppléant doivent désormais représenter les deux sexes.

Il reste toutefois encore beaucoup à faire en France. Si le nombre de femmes augmente, elles sont conseillères municipales plutôt que maires, conseillères régionales plus que présidentes… Mais, à la question posée par un sondage du site www.aufeminin.com « Quelle est selon vous la principale raison de la faible représentation des femmes en politique ? », seules 9 % des personnes interrogées (96 % de femmes et 4 % d'hommes) considèrent qu'il s'agit d'une inefficacité des lois sur la parité, alors que 58 % des participants pensent qu'il s'agit d'un *« milieu encore dirigé et dominé par les hommes qui laissent peu de place aux femmes »*. Notre législateur serait donc en avance sur les mentalités ? C'est peut-être le cas et les femmes doivent en effet trouver le moyen de s'imposer et revendiquer leurs place et rôle dans cet univers.

La parité hommes/femmes en politique

Quelques dates révélatrices sur l'évolution de la parité permettent de se souvenir du chemin que les femmes ont dû parcourir pour avoir le droit d'être des « politiques ».

- En 1791, le préambule de la *Déclaration des droits de la femme et de la citoyenne* d'Olympe de Gouges, commence ainsi : « *Les mères, les filles, les sœurs, représentantes de la nation, demandent d'être constituées en Assemblée nationale.* »
- En 1804, le Code civil donne aux femmes françaises des droits civils, mais leur refuse les droits politiques.
- Puis cinquante et un ans après qu'elles ont eu les droits civils, les femmes françaises obtiennent enfin le 21 avril 1944 (ordonnance d'Alger) le droit de vote. Le 27 octobre 1946, le préambule de la Constitution française proclame : « *La loi garantit à la femme, dans tous les domaines, des droits égaux à ceux de l'homme* » (art. 3). C'était il y a seulement soixante-cinq ans !
- Le 27 avril 1957, la France ratifie enfin la Convention de l'ONU sur les droits politiques de la femme adoptée le 20 décembre 1952. C'est la première norme internationale élaborée par l'ONU à avoir pour seul objet la promotion des droits des femmes. Elle prévoit que les femmes auront, dans des conditions d'égalité avec les hommes et sans discrimination, le droit de vote dans toutes les élections, la faculté d'être élues à tous les organismes publics et le droit d'exercer toutes les fonctions publiques.

- Quant au Pacte international relatif aux droits civils et politiques adopté le 16 novembre 1966, il a fallu quatorze ans à la France pour le ratifier le 14 novembre 1980. Son article 2 énonce la non-discrimination sexuelle, l'article 3 concerne l'égalité entre femmes et hommes et l'article 25 énonce le droit de participer aux affaires publiques de son pays (diriger, voter, être élu).
- La Convention de l'Organisation des Nations Unies sur l'élimination de toutes les formes de discrimination à l'égard des femmes (CEDEF/CEDAW), adoptée le 18 décembre 1979, sera ratifiée quatre ans plus tard par la France, soit le 14 décembre 1983 : la Convention oblige les États à prendre toutes les mesures appropriées pour éliminer la discrimination à l'égard des femmes dans tous les domaines. Les articles 7 et 8 concernent l'égale participation à la vie politique et publique à l'échelon national et international.
- Il a fallu à nouveau l'intervention du législateur, le 8 juillet 1999, pour obtenir « *l'égal accès des femmes et des hommes aux mandats électoraux et aux fonctions électives* ». La Constitution de 1958 prévoit désormais que les partis devront « *contribuer à la mise en œuvre* » de ce principe (art. 4).
- Ce devoir n'étant assorti d'aucune sanction, le 6 juin 2000, la loi sur la parité en politique module l'aide publique aux partis politiques en fonction de leur respect de l'application de la parité pour la présentation des candidats aux élections.
- Et depuis le 23 juillet 2008, l'article 1er de la Constitution est complété par un alinéa ainsi rédigé :

> « *La loi favorise l'égal accès des femmes et des hommes aux mandats électoraux et fonctions électives, ainsi qu'aux responsabilités professionnelles et sociales.* »

Ainsi, l'intervention du législateur a été prépondérante au changement des mentalités. Selon la philosophe Geneviève Fraisse, « *des siècles d'histoire l'ont prouvé : l'égalité n'est pas un phénomène naturel. Seule la loi, la contrainte, permet de l'instaurer* »[1]. L'intervention du législateur est parfois décriée tant sur le plan légal – la République française ne distingue pas les hommes et les femmes parmi les citoyens français, garantissant par définition l'égalité – que sur le plan des compétences – argument selon lequel une femme moins compétente ne doit pas, sur le principe de la discrimination positive, prendre la place d'un homme plus compétent et inversement. Pourtant, elle a été essentielle pour faire évoluer la mentalité des femmes et des hommes de notre pays, certaines femmes étant parfois les plus réticentes.

Les femmes actrices des projets politiques

Dans leur investissement en politique, la progression des femmes peut être observée à l'aune des campagnes, notamment présidentielles. Mais elle se lit aussi dans une nette progression, récente, de leur présence au gouvernement.

---

1. Journal du CNRS : www2.cnrs.fr/presse/journal/691.htm

Jusqu'en 1974, les femmes sont restées en dehors de la course à la présidentielle, car selon un sondage réalisé en 1974, les Français sont à 69 % opposés à cette idée sous prétexte qu'elles ne peuvent incarner le pouvoir, typiquement masculin. C'est Arlette Laguiller qui, la première, se présentera à l'élection, en défendant le parti d'extrême gauche Lutte ouvrière. Elle est alors très mal accueillie dans l'opinion publique, puisqu'elle est à la fois une femme, célibataire, jeune, féministe et syndicaliste. Elle multiplie les handicaps aux yeux de l'opinion de l'époque. Son objectif est de se servir de la campagne présidentielle pour revendiquer des droits pour les « *travailleuses et travailleurs*». Aux trois premiers scrutins, quels que soient les candidats et leur couleur, elle obtient le faible score de 2 % des suffrages. Pourtant, à partir de 1995 et surtout en 2002, elle parvient à être un personnage populaire inspirant confiance aux Français qui voient en elle une protestation à la politique instituée. Elle réussit ainsi à dépasser les 5 % des voix. Sa persévérance et son courage imposent le respect pour certains.

Il faut attendre 1995 et la candidature de Dominique Voynet pour voir d'autres femmes jouer un rôle important lors de campagnes présidentielles. Suivront ensuite Christiane Taubira, Marie-George Buffet et Ségolène Royal, ou encore plus récemment candidates aux primaires Eva Joly, Martine Aubry ainsi que Ségolène Royal, et à la présidentielle, Marine Le Pen.

Martine Aubry a fait de la cause féminine une nette partie de sa campagne. Elle souhaitait ainsi la création d'un ministère des Droits des Femmes. Elle avait annoncé qu'en cas d'accession à la présidence, elle ferait immédiatement voter une loi sur l'égalité des hommes et des femmes dans les entreprises. Sur le modèle de la loi SRU (qui réglemente l'implantation de l'habitat social), elle souhaitait imposer un taux minimum de places en crèche pour les regroupements de communes de plus de quinze mille habitants. Martine Aubry réaffirmait également sur son blog de campagne qu'elle s'engageait à faire respecter la loi qui oblige chaque structure hospitalière à disposer d'un centre IVG et qu'elle ferait en sorte que les mineurs aient accès à une contraception gratuite et anonyme auprès des médecins généralistes. En ce qui concerne la question cruciale des violences faites aux femmes, elle proposait qu'une formation soit assurée pour l'ensemble des professionnels concernés, afin de prévenir les délits et prendre en charge les victimes. Enfin, elle souhaitait que soit pénalisé le recours à la prostitution. Martine Aubry avait confié les problématiques des femmes à Caroline de Haas, la figure militante du jeune mouvement Osez le féminisme, avec à ses côtés, l'anthropologue Françoise Héritier. Sur ses soixante-cinq responsables de thématiques, on ne dénombrait cependant qu'une vingtaine de femmes.

Ségolène Royal quant à elle affirmait lors du premier débat télévisé pendant la campagne présidentielle de 2007 son désir d'un « *gouvernement paritaire d'hommes et de femmes irréprochables, qui n'auront aucun cumul avec toute autre fonction*». Elle s'était ainsi engagée avec force pour le non-cumul des mandats et proposait que tout mandat abandonné soit réservé à une femme. La présidente de la Région Poitou-Charentes voulait aussi créer un fonds de garantie de l'entrepreneuriat féminin dans le cadre de la Banque Publique d'Investissement (BPI) et lancer une grande campagne « Zéro violence contre les femmes ». Ségolène Royal était soutenue par Yvette Roudy, l'ancienne ministre des Droits de la Femme de François Mitterrand.

D'après une étude réalisée en mars 2011 par l'agence Mediaprism pour le Laboratoire de l'égalité, une écrasante majorité de Français (91 %) serait prête à voter pour une femme à la présidentielle de 2012. À l'heure où nous rédigeons cet article, seules Eva Joly et Marine Le Pen seraient candidates (on rappellera que l'électorat féminin boude culturellement et traditionnellement les extrêmes). Quoi qu'il en soit et toujours d'après cette étude :

- Ce sont avant tout les idées politiques et le programme du candidat qui importent dans le choix des Français. Les critères plus « personnels » semblent peu compter. Malgré tout, 25 % des répondants accordent également de l'importance à l'âge du candidat, 14 % à son sexe et 12 % à son origine sociale.
- Il est intéressant de constater désormais la légitimité des femmes aux postes à responsabilité, car une écrasante majorité (96 %) les juge légitimes aux plus hautes fonctions.

- Les femmes ont suffisamment d'autorité pour gouverner un pays. Aujourd'hui, une femme à la tête d'un pays est une preuve de modernité, demain on ne fera plus de différence... Les Français semblent prêts.
- Pourtant, il reste de vraies différences dans le regard porté sur les hommes et les femmes : pour près d'un répondant sur deux, il est plus difficile pour une femme que pour un homme de concilier le pouvoir à ce niveau et la vie de famille.
- De la même manière, un répondant sur deux considère que derrière tout « grand homme » se cache une femme pour le guider, le conseiller, alors qu'à l'inverse, huit répondants sur dix imaginent que c'est le cas pour une « grande femme ».
- Pour une large majorité de répondants (92 %), l'égalité entre les femmes et les hommes est une question importante. Elle est même « très importante » pour 66 % d'entre eux.
- Une écrasante majorité de répondants pense que chaque individu est confronté à une vision stéréotypée hommes/femmes dès l'enfance, entretenue par les médias et la publicité. Tous sont également d'accord avec le fait qu'il faut développer une culture de l'égalité hommes/femmes dès le plus jeune âge.
- Seuls 42 % des répondants savent que la France se situe derrière les autres pays européens concernant l'égalité hommes/femmes. La majorité d'entre eux imaginait que la France occupait une meilleure position dans ce classement.

- Pour les répondants, ce sont surtout les partis politiques qui doivent agir (67 %) pour que la situation progresse, ainsi que le gouvernement en place (65 %) et les entreprises (64 %).
- Pour une très large majorité de répondants, le travail des gouvernements sur l'égalité hommes/femmes n'a pas été suffisant (87 %).

Depuis le début du quinquennat de Nicolas Sarkozy, il est toutefois important de souligner que plusieurs personnalités féminines se sont distinguées par leur longévité au gouvernement ou aux postes prestigieux. C'est le cas de Roselyne Bachelot, déjà ministre de l'Écologie et du Développement durable de Jacques Chirac, puis ministre de la Santé des gouvernements Fillon I et II, enfin ministre des Solidarités et de la Cohésion sociale dans le gouvernement Fillon III. C'est également le cas de Nathalie Kosciusko-Morizet, secrétaire d'État chargée de l'Écologie, puis chargée de la Prospective et du Développement de l'Économie numérique au sein du gouvernement Fillon II et enfin nommée numéro quatre du gouvernement avec le ministère de l'Écologie, du Développement durable, des Transports et du Logement. Valérie Pécresse constitue aussi un exemple de réussite pendant quatre ans à la tête du ministère de l'Enseignement supérieur et de la Recherche, principal bénéficiaire du grand emprunt. On lui doit la réforme majeure des universités. Depuis 2011, elle est en charge du ministère du Budget, des Comptes publics et de la Réforme de l'État, ainsi que porte-parole du gouvernement. Enfin, exemple significatif, Christine Lagarde a dirigé différents ministères centraux de Jacques Chirac (Commerce extérieur, puis Agriculture et Pêche). De 2007 à 2011, elle détient les clés de Bercy, ce qui fait d'elle la première femme à occuper ce poste dans un pays du G8. En juillet 2011, elle devient enfin Directrice générale du FMI, ici encore la première femme à occuper cette fonction. Elle est aujourd'hui neuvième sur la liste des femmes les plus puissantes du monde, selon le magazine économique américain *Forbes*.

Plaidoyer pour un engagement « massif » des femmes

Le chemin parcouru est notable et la mixité paraît plus normale. Une grande partie des textes législatifs existe tant au niveau français qu'européen. Reste désormais à inciter et encourager les femmes à s'engager, à se battre, à prendre le pouvoir.

Il faudra se demander si les femmes pour arriver en politique doivent prendre les mêmes chemins et utiliser les mêmes méthodes que les hommes ou au contraire si elles peuvent utiliser des spécificités.

Il faudra également travailler l'acquis des jeunes années afin de voir dans l'éducation, dans les jeux, dans la scolarité, dans les publicités si l'image réelle donnée des femmes permet cette mixité naturelle.

Il faudra voir, et c'est le plus important, ce qui plaît aux femmes. Aiment-elles être en première ligne ou préfèrent-elles être des éminences grises ? Préfèrent-elles en majorité s'occuper du social ou de l'écologie ou sont-elles prêtes à prendre les mêmes postes que les hommes ? Préfèrent-elles être dans l'exécutif ou dans l'opérationnel ?

Il faudra analyser les conséquences des nouveaux modes de vie familiale, de la recherche de nouvelles formes de maternité, du développement de la volonté de congé maternité prolongé. Toutes ces attentes féminines sont-elles compatibles avec le temps politique ?

Pour finir, on peut s'interroger en cette période : la crise n'exacerbe-t-elle pas les comportements machistes ? Les femmes paraissent-elles moins crédibles pour gérer les situations de crise ?

Le monde politique n'a pas l'image d'un monde tendre et chaleureux. Les femmes peuvent apporter atouts, compétences et différences ; mais méfions-nous des discours, des volontés et essayons d'inciter et d'aider les femmes qui le souhaitent à prendre et revendiquer des places légitimes. La place est faite ; elle est encore étroite, mais ce sont les femmes qui doivent désormais ensemble jouer à armes égales et se donner les moyens d'y arriver avec le soutien de l'opinion. Nous incitons nos lecteurs, tant les hommes que les femmes, à prolonger ce débat, qui n'est pas un débat féminin, mais un débat de société.

CHAPITRE 15

Entre traditions maghrébines et religion musulmane, quels processus de libération des femmes dans le contexte français ?

DOUNIA BOUZAR ET SERGE HEFEZ

Pour le psychanalyste comme pour l'anthropologue, les religions ne parlent pas. Ce sont les Hommes qui les font parler. Quel que soit le contenu d'un message religieux, une interprétation est toujours humaine, fruit d'une expérience au monde. Chaque individu comprend le cas échéant son message religieux à partir de ce qu'il est et de ce qu'il vit. Cela signifie que si les religions interviennent dans les systèmes de pensée qui définissent les rapports hommes/femmes, la religion évolue à son tour en fonction de la mutation des rapports hommes/femmes.

Le débat est tendu. D'un côté, les médias se plaignent de manquer de voix subversives nouvelles à l'intérieur des mouvements religieux, notamment en islam. De l'autre, les femmes musulmanes vivant en Europe se plaignent d'être prédéfinies à partir de stéréotypes religieux traditionnels qui ne leur correspondent plus. Enfin, de nombreuses citoyennes, athées, agnostiques, mais aussi croyantes, craignent que les discours religieux finissent par faire régresser la condition des femmes encore si fragile…

La grande erreur à éviter, pour un pays qui veut rester fort, est bien de segmenter ses citoyens en accentuant la présomption d'altérité pour certaines catégories d'entre eux. Attention à ne pas enfermer son voisin dans sa présumée différence, et à ne pas transformer de simples différences en frontières infranchissables. Les uns et les autres se ressemblent bien plus qu'on ne le pense. « *La justification de la domination de l'homme sur la femme à partir du récit biblique d'Adam et Ève a été un trait saillant de la culture occidentale* (…) », déclare Rivon Krygier[1]. Le christianisme, comme le judaïsme et l'islam, sont des religions nées dans des sociétés patriarcales, dans l'aire géographique de la Méditerranée orientale et du Moyen-Orient, où le primat du masculin était particulièrement affirmé. Alors que l'islam est spécifiquement présenté comme incompatible

---

1. « Femmes, à venir de l'homme », la disparité masculin/féminin et son dépassement, à la lumière des sources rabbiniques, in *Femmes et judaïsme d'aujourd'hui*, sous la direction de Sonia Sarah Lipsyc, In Press, 2008.

avec l'égalité homme-femme, il faut rappeler que la suprématie de l'homme, la définition du féminin et du masculin, la répartition des rôles, etc., apparaissent dans les premiers discours religieux des trois religions monothéistes. Prendre la mesure des continuités comme des discontinuités dans l'histoire des différentes religions permet de capitaliser les savoir-faire des femmes, de valoriser leurs expériences passées, de partager les moyens qu'elles ont mobilisés pour devenir des sujets à part entière et créer des réseaux d'appui solidaires transversaux…

Les féministes musulmanes émergent le plus souvent au sein de sociétés démocratiques qui sont également laïques, au sens où la religion est séparée du politique, permettant la liberté de pensée. Contrairement aux féministes juives, elles ne bénéficient pas de l'émergence d'un « islam libéral institutionnel », au sens du judaïsme libéral qui reconnaît officiellement l'historicisation des religions, condition essentielle pour moderniser des interprétations[1]. Bien au contraire, l'islam est pris en otage par différents mouvements politiques et cela ralentit les débats qui pourraient progressivement s'étayer. Ce sont ces féministes musulmanes, éparpillées dans plusieurs pays, qui deviennent progressivement les locomotives de l'historicisation de l'islam. Les musulmanes sont l'avenir de l'évolution de

---

1. Une réforme de l'islam a eu lieu dans les années 1920 (*cf.* Mohamed Abdû notamment), mais cela n'a pas eu de grandes répercussions sur la plupart des *fuqahâ'* et cela n'a pas instauré l'historicisation du texte religieux.

l'islam. Et du vivre ensemble avec tous ceux qui ont une autre vision du monde.

Pour ces jeunes femmes, souvent étudiantes, toujours engagées au sein de la société, l'islam n'apparaît plus comme un système externe qui détermine les individus de façon homogène, où les principes généraux se traduisent dans des règles de conduite contraignantes appliquées d'une manière uniforme à tous les croyants, et où l'on traite d'infidèles ceux qui les récusent. Ce qui compte, pour ce type de femmes qui ont appris à dire « je » et sont sorties de la culture de type clanique, ce n'est pas d'observer les normes sociales (ce qu'on leur dit de faire), mais de développer leur réflexion pour construire comment être musulmanes en accord avec leur éthique dans leur nouveau contexte de droits et de modernité. Cette sortie de la culture de type clanique, associée à l'accès au savoir, a des répercussions fondamentales sur la compréhension de leur religion, en permettant la remise en question des interprétations traditionnelles.

Cette réappropriation du texte ne les mène pas uniquement à séparer la religion des traditions. Cela les conduit également à prendre conscience de la subjectivité de la compréhension d'une religion, puisqu'elles ne comprennent pas le Coran de la même façon que la génération précédente. Admettre l'interaction entre le récepteur et le locuteur conduit à reconnaître l'existence de variables extra-religieuses dans la construction de l'individu, ainsi que leur influence dans la lecture opérée du texte sacré. Reconnaître que toute interprétation, toute recherche de sens, relève toujours d'une expérience au monde revient aussi à admettre que les normes présentées par certains discours religieux comme sacrées proviennent de compréhensions humaines. C'est accepter que les normes dites «sacrées» émanent aussi de processus sociaux et historiques, dus à l'interactivité des hommes avec leur texte : le texte divin reste le même, mais sa compréhension dépend de l'expérimentation des Hommes.

Cette posture accepte de ne pas confondre le message divin et son expression – sa compréhension – dans une culture donnée. Elle fait la distinction entre le *credo* et l'histoire.[1] Prendre en compte l'importance de l'interactivité des hommes avec leurs textes, comprendre que les normes émanent aussi de processus sociaux et historiques apparaît fondamental pour toute perspective d'évolution durable et globale.

La prise de conscience de cette dimension d'historicité est nouvelle en islam, car jusque-là, même les «réformateurs de l'islam des lumières des années 1920» critiquaient surtout la mauvaise pratique de l'islam par les musulmans et n'interrogeaient pas la manière dont l'islam s'était historiquement construit.

Cette remarque d'Élisabeth Parmentier est valable pour les trois religions : «*Alors que la tradition chrétienne définit les*

---

1. Cette distinction est faite par les chrétiens : on parle de chrétienté et de christianisme.

femmes en relation avec les hommes, l'approche féministe part des femmes en tant qu'individus autonomes, l'enjeu résidant dans leur autonomie de sujet-corps-pensant. »[1] Nous ne pouvons conclure cette introduction sans relever un paradoxe de taille. De plus en plus de femmes musulmanes s'engagent à leur tour, à la suite des juives et des chrétiennes, *« dans un processus de questionnement de certaines lectures misogynes de l'islam et contestent les lectures qui légitiment la condition subalterne de la femme dans les sociétés islamiques… »*[2] C'est ce qu'Asma Lamrabet appelle les *« contestatrices de l'intérieur »*.[3] Mais non seulement ces féministes musulmanes ne sont pas soutenues par un mouvement théologique musulman novateur, mais elles ne le sont pas non plus par de nombreuses féministes européennes qui estiment que le seul modèle d'émancipation passe par la sortie de la religion. Pourtant, pour qu'une nouvelle religiosité puisse émerger, encore faut-il que cette première génération de féministes de confession musulmane puisse penser librement et devenir à son tour « sujet-corps-pensant »…

Où en est-on aujourd'hui ? Ce dialogue entre l'anthropologue du fait religieux et le psychiatre-psychanalyste consiste justement à faire le point sur ce processus en cours, à en analyser les étapes, à observer les progressions et/ou régressions…

---

1. Parmentier, É., *Les Filles prodigues, Défis des théologies féministes*, Labor et Fides, 1998, p. 84.
2. Lamrabet, A., *Le Coran et les Femmes, Une lecture de libération*, Éditions Tawhid, 2007, p. 21.
3. *Ibid.*, p. 21.

Le passage de la culture de type clanique au modèle basé sur l'individu

Dounia Bouzar: Nous assistons en ce moment à l'installation de ce que j'appelle « la première génération de Français(es) de confession musulmane ». Je nomme ainsi ces jeunes nés en France et socialisés à l'école de la République pour bien appuyer sur le fait qu'ils n'ont plus la même culture que leurs parents. En effet, ils ont appris à dire « je », ce qui signifie que « le clan » ne définit plus de façon systématique leur avenir. Cette sortie de la culture « de type clanique »[1] a des répercussions à la fois sur leur construction identitaire et sur la compréhension de leur religion. Cela mène au

---

1. Dans les pays d'origine, certains villages fonctionnaient comme une mini-société où deux univers étaient clairement séparés : le monde des hommes et celui des femmes, avec chacun leurs coutumes, leurs langages, leurs habitudes, leurs tâches, leur organisation, etc. De manière générale, les hommes s'occupaient de l'extérieur, les femmes à l'intérieur. Pour ces personnes issues de la campagne, le passage de la famille « clanique » à la famille nucléaire provoquée par l'immigration n'a pas été facile. Il y avait au village une certaine cohérence, une certaine continuité entre le dedans (la famille) et le dehors (la société). La mère avait le soutien des autres mères, qui partageaient les mêmes valeurs : quand ses enfants jouaient dehors, ils étaient surveillés de la même façon par les autres adultes que si elle avait été là. Arrivée en France, la mère se retrouve seule face à l'éducation de ses enfants, sans support du clan, dans un monde où plusieurs valeurs coexistent. Lorsque des éducateurs développent l'autonomie chez leurs enfants, certaines familles s'inquiètent, considérant que sans l'appui d'un groupe, un individu tout seul ne peut que sombrer.

pire comme au meilleur. Au pire, parce qu'en l'absence d'une régulation clanique, des groupuscules radicaux font de plus en plus autorité en passant par Internet. Au meilleur, parce que cela permet à des croyants de remettre en question des interprétations considérées comme archaïques, faites pendant des siècles par les hommes pour les hommes. Tout au long de cette discussion, je vais d'ailleurs souvent passer d'un groupe à l'autre, sachant que les musulmans dont il s'agit, objets de mes études, sont tous pratiquants. Attardons-nous, pour une fois, sur le groupe de musulmans « qui vont bien » et pour lesquels la sortie du clan est un facteur d'émancipation : ce n'est plus le clan qui définit « ce que dit l'islam », mais chaque jeune vérifie « ce que le clan dit que l'islam dit… ». Un début de théologie féministe islamique s'amorce tout doucement. Comme les juives et les chrétiennes, les musulmanes arrachent aux « hommes anciens » le monopole de l'interprétation et de la fabrication de la mémoire. Dans ce contexte, contrairement à ce qui est véhiculé dans le débat public, le « retour à la religion » n'est pas toujours un signe de communautarisme ou de retour à la tradition. Bien au contraire, de nombreuses filles se saisissent de la religion pour remettre en question des normes ancestrales et rejoindre leurs camarades non musulmans sur des valeurs communes.

En fait, cette façon de « passer par l'islam » pour « se sortir d'une tradition enfermante » leur est utile, car bien des familles, en réponse à une intégration difficile, sont devenues « culturellement rigides ». Leur sentiment d'échec, la hiérarchisation établie entre leur culture et celle du pays d'accueil les amènent parfois à vivre toute prise de distance de l'un des membres du groupe comme une trahison. À chaque nouvelle revendication, la jeune fille se voit accusée de «faire sa *gaouri*[1]». L'aspect endogame – on choisit le conjoint à l'intérieur du clan –, spécifique à la culture arabe, se rigidifie. La fidélité aux traditions du pays d'origine devient le principe unique de filiation. Du coup, face à une situation répertoriée sur le registre «arabo-musulman», les autres interlocuteurs de ces jeunes (professeurs, éducateurs, etc.) leur proposent de «s'en sortir» grâce aux droits «octroyés par l'Occident»... Cette approche renforce une vision du monde bipolaire : d'un côté, le monde musulman archaïque, et de l'autre, le monde occidental porteur de progrès et de liberté.

Pour échapper à la double pression familiale et sociétale – fidélité aux traditions du pays d'origine comme principe unique de filiation et concept d'intégration en termes d'assimilation – un certain nombre de jeunes ont cherché la possibilité de faire le lien entre ces deux mondes auxquels ils appartiennent, en passant par l'islam. En se déterminant «Français de confession musulmane», l'adhésion à des valeurs modernes ne s'oppose plus à ce qui symbolise l'attachement et la fidélité aux parents. Dans ce contexte, l'islam ne rapproche pas les jeunes de leurs parents,

---

1. Française.

mais leur permet d'agir sur eux. L'objectif va être d'insuffler le changement au sein même de leur famille, en démontrant à leurs parents que la plupart de leurs croyances relèvent des traditions et non de la religion. Ainsi, de façon paradoxale, la religion permet à ces jeunes, et surtout aux filles, de formuler au sein de leur famille des revendications nouvelles : accès à de longues études, choix du mari, indépendance spatiale, etc. Cela donne : « *Tu t'es fait avoir maman, en restant aux fourneaux, il n'y avait pas marqué ça dans le Coran ! Pour être une bonne musulmane, il faut devenir ingénieur !* »

Que pensez-vous de cet investissement religieux qui permet *in fine* la recomposition d'une inscription généalogique au-delà de la fidélité aux traditions du pays d'origine ? Ce qui fait lien, pourrait-on dire, c'est d'être musulman. Cela permet aux adolescentes de remettre en question les valeurs des parents sans « devenir des traîtres ».

Serge Hefez : Vous décrivez très bien comment la famille « issue d'une société traditionnelle » tisse des liens de dépendance qui prennent leur source dans des loyautés transmises de génération en génération, assignant chacun à une place immuable. Cela a fonctionné longtemps ainsi dans tous les pays, sous des formes culturelles différentes, que vous appelez « de type clanique ». La survie du groupe reposait en effet sur l'obéissance des individus aux règles de résidence, d'alliance, de filiation et de succession. Les règles de parenté permettaient une correspondance parfaite entre l'organisation de la famille et celle de la société. Et l'ensemble des comportements individuels, familiaux et citoyens se dirigeait vers l'organisation de la survie du groupe. Au niveau psychique, cela se traduit par le fait que dans ce cas, les personnes se définissent quasi uniquement par leur appartenance. Un individu seul n'a ni sens ni consistance. C'est une enveloppe vide, sans intériorité. La reconnaissance claire de ses appartenances – famille, clan, groupe religieux, parti politique, association, tradition, culture, etc. – constitue ce qui le définit à ses propres yeux ainsi qu'aux yeux des autres. Plus qu'un étayage psychique important, ces appartenances fondent son psychisme. Cela n'exclut pas le lien à l'autre, mais il s'agit d'une relation étayée par une appartenance commune avant d'être basée sur les affects.

Aujourd'hui, les familles des sociétés plus modernes ne sont plus régies par des lois extérieures. C'est même le contraire qui est diffusé comme idéal dans les sociétés démocratiques : l'individu doit se méfier de ces appartenances, il doit en permanence les remettre en question puisqu'elles vont à l'encontre de son autonomie et de son individualité. Donc, l'individu doit d'abord se définir par lui-même, par son intériorité, par son essence, par son désir, par ses émotions. C'est ainsi qu'on élève les enfants : « *Sois toi-même, épanouis-toi. Quel est ton projet ? qu'est-ce que tu aimes ? ce n'est pas à moi de te dire qui tu vas devenir…* ». Et puis le fameux « *Tu le vaux bien* »…

Deux visions de l'individu s'opposent l'une à l'autre. Dans la vision traditionnelle, l'individu est en révolte contre l'éventuelle rigidité de ses appartenances et tente de les interpréter à sa façon pour pouvoir se reconnaître le forgeron de sa propre existence. C'est comme s'il avait une partition déjà écrite et qu'il interprétait comme il pouvait les notes existantes. Tandis que dans les sociétés individualistes, c'est comme si chacun devait écrire la partition de sa propre existence sur une page complètement blanche ! Dans la première situation, l'individu va avoir tendance à rentrer en conflit contre les transmissions et les appartenances. Dans la seconde situation, l'individu ne peut rentrer en conflit que par rapport à lui-même, car s'il est en échec, il a le sentiment que cela ne relève que de sa propre responsabilité...

Quand je vous entendais parler de ces jeunes filles qui passent par l'islam pour sortir de la tradition, je me disais que ces filles-là étaient sûrement dans un « entre-deux » par rapport à la façon dont elles se situent vis-à-vis de leurs trajectoires. D'un côté, il reste quelque chose du fonctionnement traditionnel qui les mène à des conflits externes avec les traditions, la culture, la famille, etc. De l'autre, comme vous le précisez, elles ont appris à dire « je », et elles doivent également connaître des conflits extrêmement intériorisés en termes d'appropriation des choix et des valeurs, et donc d'intériorisation de l'échec, car elles se retrouvent seules avec elles-mêmes...

Dounia Bouzar: Oui, il y a un vrai changement de culture entre la génération des parents et celle des enfants nés en France. Lorsque j'étais éducatrice, les ayants droit du RMI devaient justifier de leur projet personnel pour en bénéficier. Lorsque je posais la question à une mère d'origine maghrébine, elle répondait systématiquement : « *Mon projet personnel ? Eh bien, nous avons pensé que…* » Lorsque j'insistais gentiment en lui expliquant qu'elle devait réfléchir en tant que personne, elle se concentrait un moment et reprenait sa réflexion : « *Eh bien moi, Fatima, pour mes enfants, je veux…* » Le « je » était clairement compris dans le « nous ». Certains parents avaient même le sentiment qu'en travaillant le « projet personnel » de leur enfant, on allait affaiblir ce dernier, car il ne serait « plus rien » tout seul, sans le soutien du clan. D'autres allaient jusqu'à nous suspecter de « diviser pour mieux régner ».
En revanche, les jeunes nés en France souffrent de cet aspect clanique, notamment quand ils rentrent dans le pays de leurs parents le cas échéant. Pendant l'été 2010, les médias, déstabilisés, m'ont demandé : « *Pourquoi les musulmans rentrent-ils en France faire le ramadan, alors que cette année, cette période de jeûne tombe en plein mois d'août, et qu'ils auraient pu profiter de le faire au Maroc ?* » Il y avait deux éléments de réponse : d'abord celui qui jeûne aime être chez lui pour être le plus serein possible, et le « chez soi », pour cette génération, c'est bien en France… ; ensuite, ceux qui retournent voir des membres de la famille au Maghreb le disent clairement : « *Moi je ne supporte pas*

la pression, comment on me regarde, mon ramadan c'est entre Dieu et moi, je n'ai pas besoin de contrôle... » Il existe une interculturalité intergénérationnelle.

Serge Hefez : Oui, mais ce qui est complexe, c'est que cette peur de l'autonomie n'est pas qu'un produit culturel, au sens « spécifique aux familles issues de cultures de type clanique ». Cette angoisse atteint toutes sortes de familles à des niveaux différents, car nous sommes tous, d'une manière ou d'une autre, dans un processus transitoire vers de plus en plus d'individualisme. En effet, débarrassées du poids des religions et des institutions, les familles inventent progressivement au cas par cas leur morale et leur éthique. Mais le libre choix rend la famille plus incertaine de son devenir. Et nous relevons ce paradoxe : plus la famille se libère des contraintes, plus les liens unissant les individus qui la composent deviennent enchevêtrés, intriqués, fusionnels... La perte des attaches collectives a accentué le repli des familles sur elles-mêmes et rigidifié leurs frontières. Dans les familles fragilisées, la conquête de l'autonomie n'est pas ressentie comme la possibilité – et même une chance – de connaître d'autres groupes et de vivre d'autres expériences, mais plutôt comme la crainte d'une séparation définitive, d'un abandon et bien sûr, de culpabilité.

La question des conflits de loyauté me paraît au cœur d'un certain nombre de symptômes aujourd'hui chez les jeunes, garçons comme filles. Ils sont déchirés entre leur loyauté pour certains groupes et leur désir d'affranchissement, dans un « entre-deux » où s'entrechoquent, comme vous le décrivez, culture traditionnelle et société individualiste.

Dounia Bouzar : Et donc, Dieu deviendrait un « appui » d'autant plus important pour vivre cette transition entre le clan et « je » ? Il est vrai que cette évolution vers « plus d'individualisme » est en marche dans de nombreuses sociétés traditionnelles, selon un rythme progressif, comme cela a d'ailleurs été le cas en France. La situation d'immigration oblige les jeunes à franchir le pas en quelques années alors qu'il faut habituellement plusieurs générations pour effectuer cette mutation vers plus d'autonomie… Cette hypothèse d'un « Dieu-appui », qui aurait une fonction de transition entre deux modèles, une sorte de « Dieu transitionnel », permet de mieux comprendre les témoignages de certaines musulmanes qui vont bien : alors que le foulard est souvent prescrit par des prédicateurs comme preuve de « fille sexuellement correcte », qu'il est décrypté par les observateurs extérieurs comme un refus de s'intégrer ou un résultat d'endoctrinement islamiste ou de soumission (ce qui peut aussi exister…), nombreuses sont celles qui expriment au contraire que la « relation à Dieu » qu'il symbolise les aide à mieux se mélanger à la société, sans se reconnaître dans aucune de ces définitions.
J'ai également été intriguée en entendant certaines affirmer que leur foulard leur procurait un sentiment de sécurité parce qu'il « marque leurs limites

corporelles », instaurant ainsi une démarcation entre ce qui relève de leur intimité et ce qui appartient au monde extérieur. J'en appréhende mieux le sens maintenant… Cette dimension de « Dieu-appui » permet aussi de comprendre que l'islam soit « surinvesti » par des garçons qui ne font plus guère confiance aux adultes, quels qu'ils soient… Je pense à tous ceux qui ont joué des représentations négatives des uns contre les autres, disant à leur professeur : « *Ne dites rien à mon père, il est très violent* » et à leur père : « *N'écoute pas mon prof, il est trop raciste.* » Ainsi, ils se sont forgés un monde sans pères ni repères, échappant aux injonctions des uns et des autres… Pas étonnant que toute autorité soit recherchée en Dieu, avec le développement de la notion de « *haram*[1] » et toutes les impasses où cela peut mener.

En revanche, cela expliquerait aussi que le discours religieux radical fasse autorité sur certains « jeunes qui vont mal », de familles particulièrement fragiles, car ce dernier propose une appartenance exclusive à un groupe où toutes les places et fonctions sont décidées d'avance sous forme sectaire. Il s'agit là non plus d'un « Dieu-appui » pour aller vers les autres, mais d'un « Dieu séparateur » qui met le jeune en situation d'autoexclusion et d'exclusion des autres, en lui donnant l'illusion d'appartenir à un monde à part, supérieur au reste du monde.

---

1. Interdit, illicite devant Dieu.

Serge Hefez : Cette perte de repères et de confiance dans les adultes est accentuée du fait que les institutions, lorsqu'elles ne travaillent pas avec les familles, deviennent des concurrents, que ce soit l'hôpital, la psychiatrie, les institutions sociales, même l'école… On se rend de plus en plus compte à quel point, sans le vouloir, on place les gamins dans des conflits de loyauté entre leur appartenance familiale et les différentes institutions. Et c'est d'autant plus accentué que les institutions françaises sont très porteuses de cet idéal laïque, républicain, où l'individu est tout puissant et doit advenir en se détachant de ses appartenances et surtout de ses appartenances traditionnelles et religieuses.

Dounia Bouzar : À ce stade, j'ai envie de comparer les personnes issues du Maghreb de confession musulmane avec celles de confession juive. Ces familles avaient une culture commune, tout aussi clanique. Le passage du clan à l'individualisme à leur arrivée en France a été aussi rapide pour les uns que pour les autres. Alors si on fait l'hypothèse d'un « Dieu-appui », voir d'un « Dieu-surinvesti » pour passer d'un état à un autre du côté musulman, pourquoi ce phénomène ne se retrouve-t-il pas pour les jeunes juifs ? Car lorsque l'aspect religieux est très fort, voire rigide chez certains, je n'ai pas le sentiment que cela soit un appui pour remettre en question des traditions claniques et/ou familiales ou que cela incarne une quelconque fonction pour passer du clan au « je »… Ce type de pratiquant donne plutôt le sentiment d'appartenir à un mouvement orthodoxe très clanique, suivant un certain nombre de rituels interprétés de manière stricte par les membres du groupe de façon homogène. D'après ma connaissance du terrain, je ne connais pas d'anecdotes concernant un jeune juif qui soit passé par la pratique religieuse pour remettre en question la pression clanique de sa famille…

Serge Hefez : La communauté juive n'a pas subi la même pression pour se débarrasser de ses appartenances… Vu l'Histoire, il aurait été particulièrement mal venu qu'on leur dise « méfiez-vous de votre judéité, vous devez vous en libérer pour devenir un être libre »… Au contraire, il y a plutôt un encouragement à rester juif, même en étant en dehors de toute pratique religieuse. Être juif, c'est une appartenance qui va de soi. De toute façon, quelle que soit la position qu'on ait, c'est quasi, comme « être noir ». Même si ça ne se voit pas, il y a quelque chose qui est presque plus du côté de la race que d'une appartenance religieuse. Cela ne se remet pas en question ; quoi qu'on fasse, on appartient à cette définition. Moi qui suis juif justement, je n'ai aucune éducation religieuse, je n'ai passé aucune fête, *bar-mitsva* ou autre, je ne dis pas un mot d'hébreu, je suis très critique par rapport à Israël, mais il n'en demeure pas moins que je ne pourrais jamais remettre en question le fait que je suis juif, même si cela ne repose sur rien dans ma vie.

Et puis, il faut ajouter que plus on affirme son individualité, plus on veut s'affranchir des appartenances collectives, moins on est conscient des loyautés qui nous rattachent à nos familles. Et devenues inconscientes, ces loyautés deviennent d'autant plus profondes et contraignantes. Mais cela se joue sous d'autres formes, justement parce que cela fait désormais partie du domaine inconscient.

Dounia Bouzar : Et leur famille n'ayant pas vécu la *Shoah*, les jeunes de référence musulmane ont probablement plus voulu affirmer leur individualité que les jeunes juifs liés, qu'ils le veuillent ou non, à ce passé qui fonde de manière traumatisante leur groupe. L'absence de mémoire collective des musulmans a peut-être favorisé un basculement très (trop) rapide dans l'individualisme. Ce qui expliquerait que le conflit de loyauté éclate avec d'autant plus de force. Alors je ne peux pas m'empêcher, cette fois-ci, de faire le lien avec le radicalisme. Car ce dernier fait autorité spécifiquement sur des jeunes qui ont grandi dans des « trous de mémoire ». C'est leur caractéristique première. À aucun moment de leur vie, un interlocuteur ne leur a permis d'acquérir des repères sur les différentes civilisations. Le père en échec s'est souvent rigidifié pour « ne pas tomber » et n'a pas mis en mot l'histoire familiale. Du coup, le discours radical n'a pas de difficulté à donner l'illusion à ce type de jeunes qu'ils font partie d'une filiation sacrée, à condition qu'ils rejouent de façon mimétique les faits et gestes de l'époque miraculeuse prophétique...

De l'étanchéité des domaines masculin et féminin à l'indifférenciation des sexes

Serge Hefez: Il y a une autre dimension qui intervient pour les jeunes dont on parle, celle du genre, tant dans la construction identitaire personnelle que dans les relations garçons-filles. En effet, plus une société est traditionnelle, plus elle se représente le masculin et le féminin comme des mondes étanches. Il n'y a pas forcément une violence entre ces deux mondes, mais une étanchéité qui structure l'ordre naturel. Autrement dit, plus une société est traditionnelle, plus ce qui relève du masculin et ce qui relève du féminin sont dans des mondes totalement séparés, des tâches séparées, des outils séparés, des itinéraires qui n'ont rien à voir l'un avec l'autre… La mixité est vécue comme un danger. Ce qui inquiète, c'est la perspective qu'il puisse y avoir un enchevêtrement, un entrecroisement, une fluidité, entre les univers masculin et féminin, entre les destins masculins et féminins.

Dounia Bouzar: Au Maghreb, un proverbe connu énonce que « l'homme et la femme sont comme le Soleil et la Lune, ils ne se rencontrent jamais et ne font que se croiser rapidement à la tombée de la nuit… » Cela ne correspond plus à la réalité d'aujourd'hui bien sûr, mais cela a laissé des traces dans les inconscients. C'est pour cette raison que la nouvelle génération de jeunes musulmans « qui vont bien » n'arrête pas d'opposer l'islam aux traditions arabes. Ils estiment que le

Coran essaie justement de corriger cette dichotomie hommes/femmes issue de la culture traditionnelle et instaure la complicité, la concertation, le projet commun de couple. En tout cas, cette stricte répartition ancestrale des rôles entre hommes et femmes a produit des inégalités criantes entre eux. Car dans ce modèle culturel traditionnel, la place et le pouvoir d'une femme passaient par ses fils, étant bien entendu que le mariage de ces derniers ne les éloignait pas d'elle, mais au contraire les en rapprochait encore, puisque la belle-fille devait habiter sous son toit. Cette dernière devenait une de ses « ouvrières » et augmentait le pouvoir du « clan des femmes » de la famille. Profitons-en pour souligner que les femmes de cette époque n'avaient guère intérêt à remettre en question la polygamie de leurs fils. Ce système servait leurs intérêts de mères puisque plusieurs jeunes femmes venaient travailler sous leurs ordres.

Et pour illustrer vos propos, cela avait des répercussions sur l'éducation des enfants. La mère n'avait pas peur de s'attacher à son fils puisqu'il vivrait toute sa vie auprès d'elle. Son traitement d'« enfant roi » se traduisait dans tous les domaines : fusion corporelle nuit et jour avec la mère, sevrage tardif, soins corporels, jeux d'éveil développés, etc. À l'inverse, sachant que sa fille partirait pour vivre dans la maison de sa belle-mère, il ne fallait pas trop s'attacher à elle… Non seulement elle sera moins dorlotée, mais elle sera éduquée à la soumission, non pas envers son futur mari, mais pour être préparée à plaire et servir sa… future belle-mère ! C'est également pour cette raison que dans la tradition, c'est la mère qui choisit une femme à son fils : il faut qu'elles s'entendent bien toutes les deux ! Ajoutons à cela que la relation fusionnelle du garçon avec sa mère cesse du jour au lendemain à l'âge de sept ans, âge où il doit rejoindre le clan des hommes, et que cette rupture brutale instaure une certaine méfiance *in fine* envers l'attachement au genre féminin…

Serge Hefez : Dans toutes les cultures, cette différenciation entre garçons-filles n'opère pas à la naissance, mais autour de l'âge « de raison ». Les garçons sont quasiment considérés comme des filles et puis, à l'âge de sept ou huit ans, on les arrache à l'univers féminin, à leur mère, et on les précipite dans la jungle, dans le clan des hommes… Dans certaines sociétés traditionnelles, on les munit d'arcs et de flèches, on les scarifie, on leur fait faire un certain nombre de rituels pour se purifier des éléments féminins qui sont en eux. Du point de vue anthropologique, chaque tribu ou société traditionnelle a inventé sa façon à elle de débarrasser les hommes du féminin, mais une constante apparaît : on se débarrasse du féminin parce que le féminin, c'est sale, c'est inférieur, ça souille, ça corrompt… Plus une société présente une image du féminin comme étant différent, dangereux, castrateur et dévorateur, ou inférieur ou soumis, plus l'homme développera à l'égard du féminin (y compris sa propre part féminine) une violence et un mépris qui le poussent à la différenciation systématique, au refus de se mélanger, à la haine des homosexuels, etc. Cette pensée ancestrale est loin d'avoir complètement disparu dans les sociétés modernes plus individualistes, ce qui explique pourquoi il est si naturel pour les garçons d'être homophobes : toute la construction masculine se construit là-dessus. L'homme doit être actif, conquérant... Et ne pas rester dans la passivité, y compris au niveau sexuel.

Dans les sociétés modernes, l'avancée progressive de l'égalité des hommes et des femmes s'accompagne d'une oscillation permanente entre le modèle traditionnel et l'aspiration à autre chose. On voit bien comment tous les discours sont à la fois en quête d'un équilibrage et en même temps de différences naturelles – naturalisables – entre les hommes et les femmes. Car dans toutes les sociétés, on a attribué à la différence des sexes une interprétation contraignante pour l'individu, qui définit et enferme le masculin et le féminin dans de tels carcans qu'il faut un travail considérable pour dégager ce qui ne peut être nié de cette différence. Les données biologiques se transforment souvent en constructions sociales et politiques. Si les différences sociales des sexes ne sont pas sans rapport avec les différences biologiques, elles en sont toujours une interprétation, une modification, une amplification.

Les sociétés traditionnelles, qui radicalisent les différences entre hommes et femmes et prêchent pour l'étanchéité de leurs relations, créent un monde de femmes et un monde d'hommes où la sexualité constitue l'unique possibilité de rencontre (pour procréer et perpétuer la famille et l'espèce). Elles produisent forcément des rapports de méfiance entre hommes et femmes. Dans les sociétés modernes, les deux mondes masculin et féminin s'interpénètrent. Filles et garçons restent différents mais disons qu'il y a un socle commun qui est extrêmement important, à partir duquel un certain nombre de différences peuvent à la fois s'atténuer et se redessiner. Il y a de moins en moins d'objets masculins et d'objets féminins, de tâches masculines et de tâches féminines, de métiers masculins et de métiers féminins, d'objectifs masculins et d'objectifs féminins. Ils sont dans la voie de la complicité et peu importe si elle s'accompagne d'une certaine rivalité. La rivalité est inhérente à l'égalité, à la complicité et à l'intimité entre les sexes.

Dounia Bouzar: L'étanchéité bat son plein avec le port de la *burqa*. La fonction de ce drap noir est sans ambiguïté : il s'agit d'une frontière infranchissable entre la femme et le reste du monde, sous le prétexte que la moindre parcelle d'identité féminine sèmerait le trouble auprès des hommes. Cela revient à réduire un être humain à une dimension de bête sexuelle, comme si, effectivement, c'était la seule possibilité de lien entre un homme et une femme, d'autant plus rare que violente. Mais cette *burqa*, où plus exactement ce *niqab*, n'existait pas dans les sociétés musulmanes traditionnelles. La majorité des citoyens français est persuadée que les filles « niqabées » appliquent le Coran « à la lettre », alors que cette tenue vestimentaire n'est apparue dans le discours des wahhabites qu'au début du XXe siècle, après mille quatre cents ans d'islam ! Le *niqab* n'est pas un renouement avec une tradition ancestrale, mais bien une invention contemporaine ! Les groupuscules minoritaires de tendance wahhabite se sont multipliés pour décider que les musulmans n'avaient rien compris à leur islam, mais que Dieu les avait mandatés pour sauver le monde : ils possèdent la Vérité, savent « ce que Dieu dit », et sont élus pour entamer un programme de régénération interne et de purification externe…

Au-delà des dimensions politiques, ma question d'ancienne éducatrice repose sur le succès de leur discours. Les prêches radicaux et sectaires existent dans toutes les religions. Mais la plupart des jeunes ne s'y attardent pas. Il y a une vingtaine d'années, lorsqu'un prédicateur radical arpentait la banlieue, les jeunes se retournaient vers leurs copains en s'esclaffant : « *C'est quoi ce mariol ?* » Aujourd'hui, un certain nombre s'arrête, et parfois écoute. Pourquoi ? On sait bien qu'un discours fait autorité uniquement lorsqu'il « fait sens ». Pourrait-on imaginer, au prisme de ce que nous avons échangé, que le discours radical musulman fasse autorité notamment parce qu'il propose une totale étanchéité entre hommes et femmes ? Il toucherait des jeunes ou des moins jeunes qui ne supportent pas la culture moderne qui tend vers l'indifférenciation des sexes ? Et pour lesquels l'évolution va trop vite, sans qu'ils aient pu retravailler leur « identité d'homme » dans ce nouveau contexte ?

Serge Hefez : Ce qui est certain, c'est que là encore, l'immigration transporte des familles qui ont intégré des références correspondant à un modèle d'étanchéité des sexes, au sein d'une société qui délégitime la domination masculine, au moins théoriquement... Oui, ce passage rapide d'un modèle à l'autre peut mettre en danger psychique les plus fragiles, car cela n'atteint pas seulement leur position sociale mais leur construction identitaire de garçon plus ou moins consciente selon laquelle « être un garçon, c'est ne pas être une fille ». Cette difficulté de passer brutalement d'un modèle à l'autre n'explique pas que le « succès » du discours radical. Il explique aussi pourquoi d'une manière générale dans les milieux sociaux défavorisés, les fils en font plus que leurs pères sur cette question d'asservissement des femmes. Leurs pères empruntaient des « chemins séparés » et vaquaient à leurs occupations dans leurs villages traditionnels, sans avoir besoin d'humilier les femmes pour garantir leur différence. Ici, dans l'anonymat et le « chacun pour soi » des cités, la masculinité des fils est en jeu, et la seule façon de la récupérer « en tant que garçons virils » consiste à se différencier des filles.

On peut illustrer cette hypothèse avec le domaine de l'école : les filles sont globalement disciplinées, elles répondent aux questions, elles font leurs devoirs... La seule façon d'être un garçon, c'est de faire le contraire, en refusant de s'affilier comme elles à l'autorité du maître. Cela n'explique pas tout, mais je suis persuadé que l'échec scolaire des garçons est lié à la question du genre, au sens de l'opposition masculin/féminin. Sinon comment expliquer qu'à statut social égal, les sœurs se débrouillent mieux ? Il y a un échec scolaire massif des garçons dans les banlieues.

Dounia Bouzar : Cela peut aider à décrypter le comportement de certaines croyantes féministes qui remettent le foulard ! Ce n'est pas uniquement pour se sentir protégées par Dieu et accompagner leur transition du clan au « je », c'est aussi pour (re)marquer, d'un point de vue symbolique, une différenciation du genre. Comme si, pour revendiquer l'égalité des droits, il fallait maintenir « une certaine différence » pour que cela soit « entendable ». Chez certaines jeunes filles que j'ai suivies, la prise du foulard concordait vraiment avec la revendication de libertés. Liberté de choix dans les études et des ami(e)s, liberté spatiale dans les allers et venues, liberté de ton et de pensée. Je pense aussi à des bénévoles engagés au sein d'associations périscolaires qui organisaient des matchs de football mixtes, estimant que « *conformément au Prophète qui faisait des courses de chameaux avec sa femme Aïcha, rien n'empêche la mixité dans le sport* ». Ces animateurs musulmans modernes se faisaient régulièrement agresser par les groupuscules radicaux. Mais en même temps, un certain paradoxe régnait dans ces associations, dans la mesure où si l'égalité et la mixité étaient mises en pratique et en valeur, il existait néanmoins des codes comportementaux fixes. Par exemple, si une fille mettait les mains dans ses poches ou coupait ses cheveux, elle se faisait rejeter. À l'époque, cela me semblait complètement contradictoire. En vous écoutant, je me demande s'il n'y a pas le besoin de respecter une certaine différenciation entre les sexes pour engager la bataille de l'égalité. Est-ce possible ?

Serge Hefez : Oui, parce que la structuration du genre ne passe pas que par le mental, mais profondément par le corps. Les identifications inconscientes sont transmises par la façon dont on tient les bébés, dont on les allaite, dont on les caresse, dont on leur donne le bain… Toutes les études montrent que partout dans le monde, les parents ne font pas les mêmes gestes pour les petits garçons et les petites filles, c'est-à-dire qu'ils projettent inconsciemment quelque chose sur le corps du garçon et le corps de la fille qui accentue les stéréotypes de genre qu'on peut avoir sur ce que c'est qu'être un garçon, sur ce que c'est qu'être une fille. Le genre est donc inscrit dans des transmissions qui sont quasi phylogénétiques, sauf qu'elles ne sont pas portées par les gènes, mais par des transmissions de gestes, d'attitudes…

On voit la force de ces transmissions inconscientes en observant le nombre important de couples modernes divorcer à la naissance de leur premier enfant, statistiques à l'appui. Tout ce qu'ils avaient mis en place en termes de partage d'égalité, de règles communes, de discours communs, de mixité dans leur vie quotidienne, est soudainement interpellé par la naissance de l'enfant, qui ravive les identifications verticales familiales. À ce moment-là, l'homme s'identifie à son père, qui lui s'identifiait à son père et la fille s'identifie à sa mère qui s'identifiait à sa mère… La transmission reçue par ses parents passe par le corps et court-circuite les pensées. Plus que l'intellect, c'est le corps qui parle et qui agit. Non seulement la naissance d'un enfant ramène chacun des parents à son propre parent, mais la dimension physiologique de la grossesse – le fait d'être enceinte, d'accoucher, etc. – réintroduit aussi une asymétrie extrêmement forte entre le futur père et la future mère, qui ne peuvent plus tout à fait jouer la parfaite similitude…

La dimension horizontale (intellectuelle et idéologique) et la dimension verticale (transmission générationnelle et « naturelle » par le corps) s'entrechoquent, pas seulement dans la relation du couple, mais à l'intérieur de chacun : c'est un questionnement identitaire sur « qui suis-je ? », « qu'est-ce que j'attends de l'autre ? », « qu'est-ce que j'attends de la mère/du père de mon enfant ? », « comment j'attends qu'il me protège et en même temps qu'il soit sur un pied d'égalité avec moi ? », etc. C'est très compliqué, encore plus pour quelqu'un issu de parents de famille traditionnelle.

Comment combattre les discours radicaux et privilégier les mouvements prônant l'égalité hommes/femmes ?

Dounia Bouzar: Cette double immersion dans une société basée sur l'individu et une certaine « indifférenciation des sexes » pourrait-elle expliquer en partie que les plus fragiles se laissent happer par des groupuscules radicaux ? Parce que contrairement à ce que l'on croit, la perte d'espoir social n'explique pas tout : des étudiants, des ingénieurs, adhèrent à la radicalité. Et il ne s'agit pas uniquement de jeunes dont les familles sont issues de l'immigration. Des filles de références chrétienne, athée, juive, etc., se mettent à porter le *niqab*, alors que le mois précédent, elles n'avaient rien à voir avec la religion en général et l'islam en particulier. Leur entourage est très inquiet du changement de leur comportement : rupture avec la famille, avec les amis, avec les autres musulmans, avec toutes les personnes « qui ne sont pas comme elles »…

Les « prédicateurs-gourous » transmettent une idée de la religion sublimée qui fait rêver de toute-puissance, dans un processus identique à celui de n'importe quel discours sectaire. L'image qu'ils en donnent est tellement inaccessible que pour espérer l'atteindre, la seule possibilité est d'imiter celui qui en parle. Ce qui compte, c'est de se ressembler. L'individu perd ses propres contours identitaires (garçon ou fille), parce qu'il a le sentiment d'être « le même » que les autres et de percevoir exactement les mêmes émotions. L'identité du groupe remplace l'identité de l'individu. Pour arriver à subordonner le jeune au groupe, le « prédicateur-gourou » arrache les jeunes à tous ceux qui assurent traditionnellement leur socialisation : enseignants, éducateurs, animateurs, parents et même… imams ! Il s'agit d'exacerber les différences avec « les autres », c'est-à-dire tous ceux qui n'adhèrent pas à cette vision et d'exagérer les ressemblances entre « adeptes », jusqu'à provoquer l'amalgame. À l'intérieur du groupe, les uns ne doivent pas se distinguer des autres. On dirait qu'ils sont en état d'hypnose[1], qu'ils ne pensent plus ; impossible de discuter une fois que le mal est fait… C'est vraiment le propre d'un fonctionnement sectaire.

Serge Hefez : À ce stade, on est au cœur de cette histoire de fusion-distanciation qu'est la construction psychique. Car le psychisme se constitue toujours par ce double mouvement : on n'existe pas sans l'autre, on retrouve dans nos relations l'illusion fusionnelle éprouvée en tant que nourrisson avec notre mère, on a la sensation d'éprouver ensemble le même sentiment, on est dans la même bulle… Et puis le mouvement inverse, qui consiste à se séparer de l'autre, afin de faire le deuil de cette illusion fusionnelle où l'autonomie est impossible. Je dirais que le chemin normal consiste à renoncer à la fois à son autonomie et à sa dépendance, c'est-à-dire d'être dans un entre-deux, à la fois dans la fusion et la séparation, dans le lien et dans l'individualité.

---

1. C'est pour cette raison que lors de mon intervention à la Commission d'information sur le voile intégral à l'Assemblée nationale, j'ai tenté de faire comprendre qu'il ne fallait pas traiter cette question sous l'angle purement « religieux/laïcité ». Bien entendu qu'il y a un lien entre l'islam et la *burqa*, mais les débats qui ont eu lieu sur « la liberté de conscience » garantie par les Droits de l'Homme n'avaient aucun sens !

Or pour les jeunes fragiles qui nous intéressent, la notion d'appartenance et la notion d'individualité sont déjà en tension. Ils sont à la fois perçus au travers de leur origine et sommés de se dégager mentalement de leurs appartenances pour devenir eux-mêmes, ce qui provoque un désarroi psychique extrêmement fort. Alors créer de nouveaux clans peut devenir une voie de sortie : clans mafieux, par exemple avec toutes les règles d'affiliation et de loyauté, qui fonctionnent de façon très rigide pour tous les membres ; ou bien appartenances plus émotionnelles, d'ordre sectaire. La secte repose sur le principe que vous décrivez bien : on est tous pareils. Les grands prédicateurs sont capables de produire une transe populaire, où cent personnes se mettent à crier, hurler, tomber, rire, pleurer au même moment, dans cette illusion où il n'y a plus de frontières, plus de barrières, où on fait tous partie de cette même bulle.

Donc ce que vous dites par rapport aux filles ne m'étonne pas, puisqu'elles n'ont pas cette « alternative » qu'est le clan masculin mafieux. Quant à la présence de jeunes non issus de familles émigrées au sein de ce type de groupuscules, cela illustre bien l'existence d'une « crise » générale de la famille. Dans mes activités de consultation, je le vois tous les jours : comme les familles d'aujourd'hui ne sont plus régies par des contraintes morales ou religieuses, leur nouvelle liberté les mène à une sorte d'obligation d'aimer et d'être heureuses. Au sein de ces nouveaux idéaux d'amour et de bonheur, les liens sont de plus en plus fusionnels. En témoigne la multiplication de toutes les pathologies de l'adolescence liées à des difficultés d'autonomisation : phobies scolaires, troubles du comportement alimentaire, dépendances aux drogues ou à l'alcool, scarification du corps (donc des limites corporelles), etc. La « nouvelle organisation familiale » touche donc tout le monde.

Dounia Bouzar : Dans les « recherches-actions » que je mène avec des travailleurs sociaux au sein de plusieurs collectivités territoriales, de nombreux professionnels le disent explicitement : « *Dans ce quartier, les jeunes tombent soit dans le banditisme, soit dans le radicalisme.* » On est en plein dedans ! Et il est vrai que l'on retrouve des schémas comportementaux similaires aux deux types de bandes, à cette différence que les caïds utilisent des supports différents pour s'imposer en chefs…
De nombreux éducateurs se surprennent à parler de « jeunes radicaux » de la même façon qu'ils auraient évoqué de « jeunes toxicomanes » : pas d'intégration de la loi au sens symbolique du terme, recherche du plaisir immédiat, de l'extase, affirmation de toute-puissance, absence fréquente de figure paternelle structurante, pas d'intériorisation de la loi et des limites, aucune transmission familiale, manque de repères de temps et de lieu, etc. D'une manière générale, on se rend compte que le discours radical fait autorité sur des jeunes qui se sentent « de nulle part » et qui ont grandi dans des « trous de mémoire », sans transmission d'histoire (ni religieuse d'ailleurs). Les

prédicateurs radicaux leur expliquent qu'ils sont supérieurs au reste du monde, y compris aux autres musulmans, et qu'ils ont été élus pour « sauver le monde ». Ils leur donnent également l'illusion de s'inscrire dans une filiation sacrée, en faisant croire que la seule façon de posséder la vérité consiste à raisonner comme les pieux ancêtres. Au lieu de se référer au Prophète, ils s'identifient à lui. Ils ne raisonnent que par analogie. Qu'est-ce que le Prophète aurait pensé de cette question ? Aurait-il bu dans ce verre ? Aurait-il mis cet habit ? La vie du Prophète ne leur fournit pas une explication du monde, c'est la perspective de la reproduire qui alimente leur existence... Pas besoin de comprendre, pas besoin de réfléchir, pas besoin des autres, la répétition donne l'impression de rester pur. C'est pour cette raison que la fusion des individus se construit autour de la notion de foi extérieure : en répétant de manière obsessionnelle les rituels, ils recréent l'atmosphère sacrée des événements miraculeux de la création du monde. Face à ces processus, les travailleurs sociaux ont parfois le sentiment que les jeunes sont à la recherche de limites, de cadres, etc.

Serge Hefez: La philosophe Hannah Arendt a montré comment l'autorité ne résidait ni dans la contrainte ni dans la persuasion, mais tout simplement dans la reconnaissance de la hiérarchie, c'est-à-dire lorsque les places et les fonctions sont fixées et reconnues par tous les membres d'une collectivité. Comment les prédicateurs radicaux peuvent-ils acquérir une « place d'autorité » auprès de certains jeunes ? Il est possible que le processus actuel de « remaniement des places et des fonctions » soit l'une des explications… Tout au long de nos échanges, on s'aperçoit que l'expérience migratoire agit comme un facteur démultiplicateur de processus généraux. Les mutations familiales dont nous avons parlé touchent aussi la question du père, qui est au centre de la question de l'autorité. En effet, on peut dire que le père est en difficulté, car il doit se « réinventer ». Dans toutes les cultures traditionnelles, la place du père était conférée à l'homme du fait même qu'il était homme. Il représentait l'autorité paternelle, patriarcale, dans la lignée du roi qui lui-même était le représentant de Dieu.

Aujourd'hui, nous sommes passés de la puissance paternelle à l'autorité parentale conjointe. Cette transition désincarne la fonction paternelle, puisque celle-ci n'est plus incarnée par une personne, mais par une relation. L'autorité parentale se dépose dans une relation entre un homme et une femme, entre un père et une mère, qui est par essence conflictuelle, comme toute relation : en quête d'accords, de négociations, etc. Cela entraîne que le personnage du père avec un p minuscule, la personne physique de chair et de sang, n'a plus rien à voir avec le Père de famille avec un P majuscule. Or, on continue à parler de ces deux instances comme si elles étaient indifférenciées, alors qu'elles n'ont plus rien à voir l'une avec l'autre. Il y a un être humain qui tente, tant bien que mal, d'avoir une place dans une dynamique familiale et il y a une fonction paternelle qui, dans toute l'architecture des mythes de nos sociétés et de la psychanalyse, occupe une place symbolique extrêmement forte et puissante. Or le père de famille et la fonction paternelle ne sont plus intriqués.

Les dysfonctionnements liés à cette mutation peuvent être divers et variés, car les rôles et les fonctions sont plus mobiles. On entre dans quelque chose d'assez complexe : contrairement au « rôle », qui désigne la place officielle de chacun, la « fonction » relie les êtres entre eux, dans leur relation. La différence entre les deux est subtile, mais essentielle. Une fonction prend une connotation négative quand elle est assignée de façon rigide et irréversible, surtout si elle est en contradiction avec une fonction biologique, par exemple la fonction du père attribuée à un fils. Aucun des deux ne peut plus développer son espace personnel : le fils devra toujours se montrer raisonnable et autoritaire, le père fragile, malade ou absent. La situation devient pathologique quand le processus s'éternise, car la situation se rigidifie. Progressivement, les règles qui régissent le groupe familial nient l'autonomie des membres du groupe et interdisent leur épanouissement personnel. L'absence d'autonomie s'exprime dans l'impossibilité de changer de fonction au cours du temps : chaque individu est condamné à se comporter comme le groupe le lui impose. Si le fils doit en permanence jouer le rôle du père, ce rôle devient une fonction et cette fonction devient une prison pour lui comme pour les autres membres de sa famille. Or tout se joue dans la complémentarité des fonctions : un fils parfait appelle un père fragile, etc.

L'espace personnel se réduit alors au rôle joué dans le groupe. L'individu se confond avec sa fonction et l'être pour soi avec l'autre pour les autres. L'intrusion dans l'espace personnel d'autrui et la perte simultanée de son espace propre peuvent alors devenir l'unique forme de relation possible. L'intimité comme la séparation deviennent impossibles. Les frontières se brouillent. L'intensité du sentiment d'appartenance va à l'encontre des possibilités d'autonomie. Plus les frontières entre soi et l'autre sont mal établies, poreuses, perméables, plus les forces de cohésion pour maintenir le groupe sont grandes et empêchent les individus de se mettre à distance les uns des autres. La possibilité de se séparer s'amenuise : toute séparation porte le spectre d'une rupture synonyme d'amputation.

Ce qu'il faut retenir, c'est que quand on parle de « manque du père » ou de « quête du père », on ne parle pas d'une insuffisance de ce que les pères font dans leur vie quotidienne, mais d'une perte d'une certaine transcendance dans nos sociétés, c'est-à-dire d'une perte de logique divine qui, dans une pyramide ancestrale de sens, plaçait Dieu au-dessus de tout le monde et la fonction paternelle en lien avec ce divin… Je veux dire que pendant longtemps, c'est de l'extérieur, d'une autorité suprême – Dieu d'abord avec le droit divin, puis la République avec le droit républicain – que venait la décision concernant qui est tenu de faire quoi dans le couple. Et la mutation que nous vivons aujourd'hui, où chacun peut réinventer son propre fonctionnement, provoque pour le moment, dans les familles les plus fragiles, à la fois une confusion des places et des rôles, et des dysfonctionnements de relations au sein du groupe familial qui peuvent expliquer en partie le besoin de certains jeunes de rechercher la fusion avec d'autres types de clans…

Dounia Bouzar : Ce qui pourrait expliquer que ces jeunes fragiles qui n'ont pas eu de pères avec un p minuscule et qui ont grandi dans les trous de mémoire, quelles que soient leurs origines, peuvent être sensibles au discours radical qui leur donne l'illusion de venger leur père en incarnant une élite destinée à mettre en œuvre le dessein de Dieu sur Terre. Ils sont à la recherche de la toute-puissance. On retrouve votre analyse sur les rôles inversés père-fils dans la plupart des familles de jeunes radicalisés ! J'ai l'habitude de dire que ce qui intéresse ce type de jeunes, ce n'est pas la parole de Dieu, c'est de prendre la place de Dieu ! Cela n'a rien à voir avec l'islam. Comme les croyants des autres religions, depuis la nuit des temps, les musulmans essayent de se soumettre à l'autorité de Dieu, car ils estiment qu'en suivant le « droit chemin », ils finiront au paradis plutôt qu'en enfer. Les radicaux, eux, vont à l'envers de cette logique : il ne s'agit pas de se soumettre à une autorité divine, mais de s'approprier l'autorité de la religion pour s'ériger eux-mêmes en autorité au-dessus de tous les autres hommes.

Sous prétexte que seul le Coran fait autorité – puisqu'il n'y a pas de clergé –, certains de ces jeunes déclarent que les imams et les savants ne connaissent rien. Ils revendiquent le droit de parler eux-mêmes « au nom de Dieu » puisqu'il n'y a personne « entre Dieu et eux », c'est-à-dire pas de clergé. Ils utilisent la force du rapport à Dieu pour établir un rapport de force entre les individus, avec eux en haut de la pyramide bien entendu. Le moins que l'on puisse dire est qu'ils ont remis au goût du jour la pyramide de sens de transcendance : soit ils continuent à prendre la place de leur père juste en dessous de Dieu (celui qui détient la Vérité), soit ils convoitent carrément le niveau de toute-puissance divine (celui qui incarne la Loi).

Si Hannah Arendt a raison, nous avons un grand travail de revalorisation des pères à mettre en place ! Dans le débat public, on croit souvent que l'intégrisme est une affaire de famille. Toujours cette idée reçue liée à l'équation « la pratique de l'islam conduit à l'intégrisme ». Pourtant, la plupart des pères des endoctrinés ne sont ni radicaux ni pratiquants. C'est même le contraire, ils n'ont aucun repère religieux ni culturel. Si ces pères ont un point commun, c'est la déchéance. Le discours radical fait autorité sur des jeunes qui ont tous un père déchu qui n'a rien transmis (ou n'a rien pu transmettre). Ce dernier peut présenter plusieurs profils : père mort, père absent, père toxicomane ou incarcéré (n'ayant lui-même pas intégré la loi symbolique), père violent (ne pouvant donc assurer son rôle de tiers séparateur d'avec la mère puisqu'incitant au contraire l'enfant apeuré à s'abriter auprès d'elle), et bien entendu père au chômage.

Ici, il faut s'arrêter un peu. La perte du statut de travailleur entraîne une perte de dignité pour n'importe quel homme. Mais cette déchéance est décuplée par l'histoire migratoire. Car le sens de l'émigration, pour ceux qui ont pris un jour la décision de quitter leur pays, repose sur l'économique : on part dans l'espoir d'une vie meilleure. Et la place du père au sein de la famille, son rôle, sa légitimité, ainsi que la place de la famille en France dans son inconscient, reposent sur sa qualité de travailleur. Perdre son emploi n'entraîne donc pas uniquement une perte de revenus, mais aussi la remise en cause de sa décision. Choisir d'immigrer dans le pays de l'ancien colonisateur n'est pas rien. Dans la vision du monde du père, c'est en échange de promesses réparatrices qu'il l'a fait. Lorsque ces dernières ne sont pas tenues, le contentieux historique non résolu entre les pays revient à la surface. Au-delà de la colonisation, les jeunes voient bien que le groupe dont ils font partie est en état de faiblesse. Ils sentent que leur père est piégé, coincé d'un côté comme de l'autre. Il a quitté sa terre et n'a pas la vie meilleure qu'il escomptait. Il ne peut rentrer, car ceux qui sont restés verraient qu'il est parti pour rien… Il ne s'ancre pas pour autant à cette terre d'accueil : il pensait avoir mérité sa place plus qu'un autre et se sent trahi. Impossible de s'assigner un lieu. Le lien au territoire s'effrite déjà ici.

Seule une reconnaissance profonde pourrait l'aider à se réinscrire dans ce pays. La société doit avoir besoin de lui, d'une manière ou d'une autre, pour qu'il puisse retrouver prestige et autorité auprès de son fils. Autrement dit, son échec de « recherche de vie meilleure » a remis en cause sa place au sein de la famille. Il ne faut pas compter sur les travailleurs sociaux pour la lui redonner : les représentations négatives stéréotypées sur « l'homme arabe macho » conduisent à surprotéger les femmes. Par exemple, pendant des années, les allocations familiales étaient systématiquement attribuées aux mères dans la perspective de les « rendre autonomes ». Je caricature à peine en ajoutant que l'idée des éducateurs était de donner les moyens aux épouses de divorcer.

Il ne faut pas compter non plus sur les discours politiques pour revaloriser les pères, leur reconnaître une place : bien que les arrière-grands-pères aient donné leur sang pour défendre la France (quelque cent soixante-douze mille Algériens, cinquante-quatre mille Tunisiens et trente-sept mille Marocains ont servi sur le front français), combien de temps a-t-il fallu pour qu'une prise en compte officielle de la période coloniale, de la guerre d'Algérie, et du sacrifice de leurs grands-parents pendant la Seconde Guerre mondiale commence à se mettre en place ? Ce n'était pourtant pas qu'une question de justice, mais bien une question symbolique fondamentale de mémoire commune. Reconnaître dans les livres d'histoire de l'enseignement public et dans les cérémonies officielles que les ancêtres de ces jeunes appartenaient *déjà* à l'histoire de France permettrait la construction d'une histoire partagée.

Serge Hefez: Que les discours politiques redonnent leur place dans l'histoire à ces pères est effectivement fondamental. Mais je pense qu'au-delà de la valorisation des pères avec un p minuscule, vos constats montrent, si besoin était, que les jeunes sont en quête d'une fonction paternelle qui puisse apporter la fermeté d'un appui. Cette dernière est au centre de l'équilibre de l'enfant, puis de l'adulte. Elle doit notamment aider l'enfant à se séparer, au sens du détachement psychique, de sa famille. Autrement dit, chacun de nous doit se séparer de sa famille d'origine, au sens de ne plus se sentir en relation de dépendance. C'est en sortant de ce rapport infantile avec ses propres parents que l'on peut devenir indépendant et ne pas rejouer ce rapport de dépendance avec le reste de la société dans laquelle on vit : le patron, le maire, le prédicateur… Or le problème que nous avons de manière générale aujourd'hui, c'est que cette séparation n'est plus prise en charge ni par nos pères ni aucune autorité institutionnelle faisant office de figure paternelle. Cela prédispose les individus à chercher l'autorité à l'extérieur d'eux, puisqu'ils n'ont pas intériorisé le processus d'autorité pendant leur enfance. De plus en plus de patients, adolescents et adultes, souffrent de pathologies narcissiques et oscillent en permanence entre des positions de toute-puissance et d'impuissance. Comme s'ils étaient redevenus des nouveau-nés qui sont tout, puis rien.

Il faut donc arrêter de confondre l'autorité paternelle et le père avec un p minuscule dans les discours institutionnels, politiques, médiatiques, et même religieux! Comme je l'ai déjà dit, c'est désormais le couple qui incarne la fonction paternelle. Le père et la mère vont s'accorder sur la transmission des valeurs et de la culture, sur un espace commun, pour pouvoir le transmettre à l'enfant. Or, la société garde une posture d'injonction contradictoire vis-à-vis de ce sujet: d'un côté, elle déclare l'égalité des sexes acquise, de l'autre, elle ne valorise pas du tout le père qui voudrait prendre un congé parental! Ce dernier est encore considéré au mieux comme un « homme pas comme les autres », au pire comme un « sous-homme ». Et nous restons dans ce mythe où ce serait le père avec un p minuscule qui, seul, assumerait la fonction paternelle, dans des représentations très anciennes du rôle du père et de la mère, malgré les déclarations théoriques d'autorité parentale conjointe. Nous sommes construits sur cet ordre symbolique qui détermine le rôle de chacun en fonction de son sexe. Directement venu du ciel – c'est plus simple –, il est inébranlable, incontestable, et garant de la pérennité de la société, au point de nous faire croire que cet ordre symbolique est la nature même des choses.

Cela n'aide pas les parents à incarner ensemble cette fonction qui était auparavant strictement paternelle. Et pourtant, les couples doivent désormais inventer les liens qui les unissent. Et les redéfinir, constamment. C'est épuisant! C'est ce que le sociologue Alain Ehrenberg appelle joliment « la fatigue d'être soi ». En l'absence de toute règle établie, chaque individu dépense une énergie considérable à tenter de définir les siennes. Pas étonnant que ceux qui vivent cela à intensité décuplée, avec des références encore plus multiples, mettent plus de temps à se rééquilibrer !

CONCLUSION

Pouvoir(e)s

Si la représentation du corps de l'homme et de la femme signale dès le premier regard ce qui les différencie, s'il nous semble évident que les corps mettent à nu ce qui oppose les deux sexes, la science tend à montrer que ces dissemblances ne sont pas aussi évidentes qu'elles le paraissent ; et que l'évolution future pourrait s'affranchir des modèles séculaires.

Seuls deux facteurs sont responsables de la scission intervenue entre les deux sexes : l'investissement initial de la mère dans la gestation, le doute de l'homme sur sa paternité. Dans le premier cas, les changements de comportements (divorce, famille monoparentale, couple homosexuel) permettent une lente transformation de l'investissement des deux parties et tendent à les « apparenter ». Dans le second cas, les tests ADN ne laissent plus aucun doute sur l'identité du père. Ces deux évolutions majeures devraient permettre une redistribution des cartes et la naissance d'un autre jeu.

On découvre également que les disparités de genres sont moins évidentes qu'il n'y paraît : les organes sexuels des femmes sont en partie similaires à ceux des hommes, mais internes (le clitoris a la même architecture et la même longueur que le pénis, un gland, un prépuce, un frein, etc.), et Freud l'avait identifié ainsi : « *Un homme n'a en somme qu'une seule zone génitale prédominante, un organe sexuel (...) la femme en possède deux : le vagin qui est proprement féminin et le clitoris analogue au membre viril*»[1].

Le biologiste américain Jared Diamond va plus loin et rapporte que la lactation est possible chez les hommes (des milliers de cas ont été observés chez des hommes ayant survécu aux camps de concentration). Selon lui, «*l'explication la plus probable est que la malnutrition inhibe non seulement les glandes productrices d'hormones, mais aussi le foie, qui détruit ces hormones. À la reprise d'une alimentation normale, les glandes récupèrent beaucoup plus vite que le foie, ce qui entraîne une montée incontrôlable du niveau d'hormones*»[2].

On sait aussi que certains animaux proposent d'autres modèles, éloignés de la répartition mâle/femelle que nous connaissons (le mâle couve l'œuf chez certaines espèces d'oiseaux et chez certains poissons).

La différenciation des corps serait plus liée à des aléas de l'Histoire et à des différences d'alimentation, qu'à une structure fondamentalement différente.

---

1. Freud, S., *La Vie sexuelle*, P.U.F., 1999.
2. Diamond, J., *Pourquoi l'amour est un plaisir*, Gallimard, 2010.

Ce qui pèse le plus lourd, c'est l'héritage culturel, ce sont les stéréotypes. Un parent a beau savoir qu'une petite fille ne voit pas nécessairement la vie en rose, ou qu'un garçon ne se résume pas à un fait d'armes, il n'en demeure pas moins qu'il est encore difficile pour beaucoup d'entre eux d'accepter que leur fille choisisse un univers dit masculin, ou qu'un fils s'éloigne des codes virils.

Dans cette difficile question de l'héritage, les travaux d'Étienne Danchin, qui dirige le laboratoire Évolution et diversité biologique au CNRS, bouleversent nos notions d'hérédité génétique ; ils pourraient un jour influer au-delà de la sphère génétique et renverser nos idées préconçues. À l'en croire, les informations biologiques ne se transmettent pas uniquement dans les séquences ADN. Étienne Danchin distingue trois formes d'hérédité : l'épigénétique, la culturelle et l'environnementale. Concernant la première, il cite dans un entretien un cas particulièrement révélateur, chez les souris : « *Après la naissance, les femelles soignent intensément leurs petits. Si l'on empêche expérimentalement une femelle de le faire, on constate que leurs filles vont elles-mêmes, quand elles seront adultes, peu soigner leurs petits. Du coup, les variations d'intensité du comportement maternel sont transmises de mère en fille. Ce phénomène bien connu résulte de l'enchaînement d'une étape comportementale et d'une étape épigénétique : les faibles soins maternels entraînent un changement d'expression de certains gènes dans le cerveau des filles, en particulier des gènes liés à la réception des œstrogènes, des hormones sexuelles impliquées dans la mise en place des comportements de soins aux jeunes. Si bien que lorsque ces femelles seront adultes, ces gènes-là s'exprimeront très peu. Elles seront alors quasi insensibles à leurs propres hormones, ne seront pas "manipulées" par leurs œstrogènes et ne deviendront donc pas des mères s'occupant bien de leurs petits. À chaque génération, ce changement épigénétique va se reproduire.* »[1]

Sans prôner un partage du pouvoir qui passerait par le désinvestissement des mères pour leur enfant, on s'autorise à rêver que des informations transmises uniquement par la voie sociale, comme le conformisme, cessent de se transmettre sur plusieurs générations, soient ouvertes à la sélection naturelle et influent sur l'évolution.

Dans *Le Banquet* de Platon, Aristophane raconte qu'à l'origine, hommes et femmes étaient doubles, avec quatre bras, quatre jambes, deux têtes et deux sexes. Les uns avaient deux sexes d'hommes, les autres deux sexes de femmes ; les derniers, les androgynes, qui en avaient un de chaque, « *étaient doués d'une force et d'une vigueur prodigieuse* » que leur enviaient les deux autres tiers de l'Humanité. Zeus, dans sa sagesse, coupa tous les humains en deux, pour amoindrir leur force. D'une certaine façon, cette complétude originelle revient sur le devant de la scène : de l'apparence vestimentaire à la transformation des corps, une partie de la population adopte les codes de l'autre et,

---

1. http://passeurdesciences.blog.lemonde.fr/2012/01/31/la-theorie-de-levolution-doit-faire-sa-revolution/

ce faisant, estompe ou brouille les lignes de démarcation dans les sphères privées, professionnelles et publiques.

Cependant, la crise actuelle, financière, économique, politique et culturelle – l'Occident, et les valeurs qu'il brandit éclaireront-ils encore le monde à la fin du XXIe siècle ? – favorise la renaissance des valeurs anciennes ; il est à craindre que la place plus grande accordée à la femme ne soit emportée dans le torrent des idées. Mais cette crise peut être une occasion idéale : celle d'y puiser le courage d'entreprendre, d'innover. Nous n'en prenons pas le chemin : on débat à nouveau de l'avortement en Espagne et aux États-Unis, les échographies servent à contrôler et réduire la naissance des filles dans les pays de l'Est, au Canada, en Inde et en Chine.

Dans le monde du travail, la femme paie cher son accession aux postes de commande : elle assume deux vies à la fois ; à l'extérieur, elle « bosse » autant que l'homme ; et à la maison, elle accomplit la majeure partie des tâches domestiques ; séductrice, elle s'impose, de surcroît, une discipline rigoureuse pour magnifier ses charmes. Mais qu'une femme choisisse ou non d'enfanter, et quels que soient ses choix de vie, elle est stigmatisée comme génitrice et consommatrice (80 % de l'argent des ménages seraient dépensés par les femmes).

Il est intéressant de noter que les publicitaires, toujours sensibles aux évolutions sociétales, ont remplacé l'appellation de « ménagère de moins de cinquante ans » par celle, plus contemporaine, de «*digital mum*». En accédant à la modernité (elle a quitté le ménage pour les nouveaux médias), la femme est devenue mère. Ainsi, la sémantique prouve qu'en faisant un pas en avant, on peut aussi faire un pas en arrière : la femme a quitté son rôle de ménagère au foyer, mais la voilà redéfinie par sa différence, sa capacité à être mère, qui ressemble à une obligation.

On peut au moins s'interroger sur les effets qu'engendrent l'homosexualité et la transsexualité, l'une et l'autre véritable «cheval de Troie» (selon l'expression d'Olivia Chaumont) conjugués aux efforts de la science dans le domaine de l'ectogénèse. Permettront-elles, ou non, aux femmes de s'affranchir des représentations stéréotypées de leur rôle ? Estomperont-elles l'inquiétude des hommes à confier aux femmes la responsabilité de leur faire un fils ? Les hétérogénéités entre les deux sexes tendront-elles à se confondre ? Et si oui, est-ce une bonne nouvelle ? Se dirige-t-on vers un monde «à la carte» où chacun sera à même de sélectionner des attributs dits masculins, et d'autres dits féminins ?

Quelle sera la place de l'altérité dans un monde binaire, qui se définit par des oppositions ? Il nous plaît de croire que sans recourir à la palingénèse telle que nous la raconte Aristophane, cette conjonction nous annonce des lendemains où l'homme et la femme conjugueront le mot «pouvoir» avec la même aisance, quel que soit le champ où l'un et l'autre le cultivent.

Sophie Bramly

Remerciements

L'Observatoire des Futur(e)s remercie ses membres :

Thierry Aidenbaum, Marie Allavena, Fatma Bouvet de la Maisonneuve, Dounia Bouzar, Serge Bramly, Philippe Brenot, Monique Canto-Sperber, Olivia Chaumont, Alain Ehrenberg, Mercedès Erra, Capucine Fandre, Eric Fassin, Olivier Ferrand, Michèle Fitoussi, Caroline Fourest, Emmanuelle Gagliardi, Susan George, Vincent Grégoire, Serge Hefez, Pierre Hermé, Anne Hidalgo, Valérie Lafarge-Sarkozy, Nadeije Laneyrie-Dagen, Tonie Marschall, Catherine Millet, Sylvain Mimoun, Véronique Morali, Robert Muchembled, Christine Ockrent, Catherine Ormen, Anne Perrot, Pascal Picq, Bettina Rheims, Nathalie Roos, Maryam Salehi, Kristin Scott-Thomas, Macha Séry, Rafik Smati, Irène Théry, Christine Vahdat-Sonier, Lucy Vincent, Rama Yade.

Les contributeurs

Marie Boy, HEC, est dirigeante de business globaux de Pechiney. Mère d'un garçon et d'une fille, elle a créé, à leur adolescence, son activité de coaching et le réseau Diversel. Sélectionnée par Accenture en 2005, elle développe le coaching de groupes de femmes managers et montre sa complémentarité avec le coaching individuel de potentiel de dirigeant(e)s. Elle a publié *L'Intelligence sensible du Décideur.*

Fatma Bouvet de la Maisonneuve est psychiatre et addictologue. Responsable de la consultation d'alcoologie pour femmes à l'hôpital Sainte-Anne, à Paris, elle a également une consultation privée spécialisée dans la souffrance psychique au travail. Auteure de : *Les femmes face à l'alcool, résister et s'en sortir* et *Le choix des femmes* aux éditions Odile Jacob.

Dounia Bouzar est docteur en anthropologie du fait religieux. Ancienne éducatrice au sein de la Protection judiciaire de la Jeunesse, auteure d'une douzaine d'ouvrages sur les musulmans nés en France, elle a créé son propre cabinet d'études et de conseil, Cultes et Cultures, un cabinet « mère & fille », spécialisé dans l'application de la laïcité et la gestion de la diversité religieuse.

Sophie Bramly a été photographe puis productrice à la télévision. Elle a ensuite dirigé le département Nouveaux médias d'Universal Music, avant de revenir à la production audiovisuelle en créant SoFilles Productions. Elle a fondé le Think Tank *l'Observatoire des Futur(e)s*, dont l'objectif est d'observer les effets de la mutation du féminin sur la société, l'entreprise et l'homme.

Armelle Carminati-Rabasse est diplômée de l'Ecole centrale de Lyon et Cornell University (Etats-Unis). Elle a rejoint, en 1986, Accenture, où elle est aujourd'hui directrice générale Human Capital and Diversity Accenture monde. Elle dirige également le programme Accent sur Elles, destiné à favoriser la progression des carrières des femmes.

Capucine Fandre, ancienne élève de l'ESC Reims, préside la société de conseil en affaires publiques Séance publique. Ancienne présidente de l'Association des Conseils en affaires publiques (2009/2011), elle en assure désormais la vice-présidence. Elle a dirigé pendant dix ans l'agence Capucine, société de conseil aux collectivités locales avant de créer la société Séance publique.

Emmanuelle Gagliardi est directrice du magazine business féminin *L/ONTOP* et fondatrice du Forum de la Mixité. Elle organise régulièrement, pour le compte d'entreprises *women friendly*, des rencontres, colloques de femmes au top et participe, en tant qu'experte sur les réseaux de femmes, à de nombreux débats et tables rondes. Emmanuelle est co-auteure du *Guide des Clubs et Réseaux au féminin,* éditions du Cherche-Midi.

Serge Hefez, psychiatre des hôpitaux, est responsable de l'unité de thérapie familiale dans le service de psychiatrie de l'enfant et de l'adolescent à l'hôpital de la Pitié-Salpétrière, à Paris. Il est également chef d'un service de soutien psychologique pour les personnes touchées par le sida. Il a publié chez Hachette Littératures : *La Danse du couple, Quand la famille s'emmêle, Dans le cœur des Hommes* (prix Psychologie 2008) et *La Sarkose obsessionnelle.*

Pierre Hermé, héritier de quatre générations de boulangers-pâtissiers alsaciens, a débuté sa carrière auprès de Gaston Lenôtre. Célébré en France, au Japon et aux États-Unis, celui que *Vogue* a surnommé «*Picasso of Pastry*» a apporté à la pâtisserie goût et modernité. Avec «*le plaisir pour seul guide*», Pierre Hermé a inventé un univers de goûts, de sensations et de plaisirs.

Valérie Lafarge-Sarkozy, avocate associée du cabinet de Gaulle Fleurance, intervient dans l'intérêt de groupes industriels, banques et compagnies d'assurance en contentieux des affaires, financiers et bancaires. Elle est «expert» au Club des Juristes, membre du Women Corporate Director, administrateur de l'ONG *Toutes à l'école* et membre fondateur du Think Tank *l'Observatoire des Futur(e)s.*

Sylvain Mimoun, gynécologue et psychiatre de formation, est gynécologue andrologue. Il est directeur d'enseignement du diplôme universitaire de gynécologie psychosomatique à l'université Paris 7. Il est l'auteur de plusieurs ouvrages, notamment : *Être mieux avec son corps,* avec Isabelle Yhuel, chez Michel Lafon.

Anne Perrot est économiste. Elle est aujourd'hui vice-présidente de l'Autorité de la concurrence et professeur à l'Université de Paris I et à l'ENSAE. Elle a dirigé le laboratoire d'économie industrielle du CREST-INSEE. Elle est membre du Cercle des Economistes depuis 2001.

Rafik Smati, chef d'entreprise connu sur la scène de l'Internet, dirige le groupe Aventers (dromadaire.com, ooprint.fr). Il a publié chez Eyrolles : *Vers un Capitalisme Féminin,* essai dans lequel il défend l'avènement d'un modèle de civilisation basé sur des valeurs féminines ; *Éloge de la vitesse,* où il entrevoit la possibilité d'un « nouveau temps » porté par les jeunes générations. *Révolution Y,* son dernier essai à caractère politique, vient de paraître.

Christine Vahdat-Sonier est gynécologue-obstétricienne, attachée à l'hôpital Tarnier-Cochin. Chargée d'enseignement, elle est conseiller de l'Ordre départemental des médecins de Paris. Membre de l'Association Terrafemina et membre fondateur du Think Tank L'Observatoire des Futur(e)s, elle préside également l'Association Scolarité-Santé, les Enfants de Bam.

Catherine Vidal, neurobiologiste, est directrice de recherche à l'Institut Pasteur. Son activité de recherche fondamentale porte sur la mort neuronale dans les maladies à prions. Elle se consacre aussi à la diffusion du savoir scientifique concernant le cerveau, le sexe et les préjugés idéologiques. Elle est membre de l'Institut Émilie du Châtelet et du Laboratoire de l'Égalité.

Béatrice Weiss-Gout, entrée dans la profession d'avocat en 1976, y a exercé de nombreuses activités syndicales et ordinales. Associée fondatrice du cabinet BWG Associés, spécialisé en droit de la famille et du patrimoine, elle participe activement à l'évolution du droit de la famille au travers des travaux de diverses associations et commissions françaises et internationales.

www.ingramcontent.com/pod-product-compliance
Lightning Source LLC
Chambersburg PA
CBHW070727160426
43192CB00009B/1344